Aromi Tailandesi
Un Viaggio Culinario in Thailandia

Luca Rossi

Sommario

Gamberetti con salsa al litchi *11*
Gamberi fritti con mandarino *12*
Gamberetti con salsa tritata *13*
Gamberetti con funghi cinesi *14*
Gamberi e piselli fritti *15*
Gamberetti con chutney di mango *16*
Polpette di gamberi fritti con salsa di cipolle *18*
Gamberi al mandarino con piselli *19*
Gamberoni alla pechinese *19*
Gamberetti con peperoni *20*
Gamberi fritti con carne di maiale *21*
Gamberoni fritti con salsa allo sherry *23*
gamberetti fritti al sesamo *24*
Gamberi fritti con guscio *25*
Gamberetto fritto *26*
gamberetti in tempura *27*
sotto la gomma *27*
Gamberetti con tofu *29*
Gamberetti con pomodorini *30*
Gamberetti con salsa di pomodoro *30*
Gamberetti con salsa di pomodoro e peperoncino *31*
Gamberi fritti con salsa di pomodoro *32*
Gamberetti con verdure *34*
Gamberi con castagne d'acqua *35*
gamberetti wonton *36*
Cozze Con Pollo *37*
Abalone con asparagi *38*
Abalone con funghi *39*
Abalone con salsa di ostriche *40*
cozze al vapore *41*
Cozze con germogli di soia *42*
Cozze con zenzero e aglio *43*

cozze al vapore.. 44
torta di granchio 45
Crema di granchio 46
Polpa di granchio cinese con foglie 47
Granchio Foo Yung con germogli di soia 48
granchio allo zenzero... 49
Granchio Lo Mein.. 50
Granchio fritto con carne di maiale 51
Polpa di granchio cotta 52
Polpette di calamari fritti 53
Aragosta alla cantonese... 54
aragosta fritta 55
Aragosta al vapore con prosciutto... 56
Aragosta con funghi... 57
Code di aragosta con carne di maiale 58
aragosta al vapore 59
nido di aragosta... 61
Cozze in salsa di fagioli neri.. 62
Cozze allo zenzero 63
Cozze al vapore.. 64
ostriche fritte.. 65
Ostriche con pancetta 66
Ostriche fritte con zenzero... 67
Ostriche con salsa di fagioli neri... 68
Capesante con germogli di bambù 69
Pellegrini con le uova 70
Capesante con broccoli 71
Pellegrini allo zenzero 73
cozze con prosciutto... 74
Uova strapazzate con cozze ed erbe aromatiche 75
Cozze e cipolle al vapore 76
Pellegrini con verdure 77
Pellegrini con peperoni 78
Polpo con germogli di soia.. 79
calamaro fritto... 80
Confezione di polpo 81

Calamaro fritto	83
calamari al vapore	84
Polpo con funghi secchi	85
Polpo Con Verdure	86
Gulash di manzo all'anice	87
Vitello con asparagi	88
Bistecca con germogli di bambù	89
Bistecca con germogli di bambù e funghi	90
Goulash di manzo alla cinese	91
Bistecca con germogli di soia	92
Bistecca con broccoli	93
Carne di sesamo con broccoli	94
Carne grigliata	96
Carne cantonese	97
Bistecca con carote	98
Bistecca con anacardi	99
Bistecca a cottura lenta	100
Bistecca Con Cavolfiore	101
Vitello con sedano	102
Fette di manzo fritte con sedano	103
Fette di bistecca con pollo e sedano	104
Carne di peperoncino	105
Bistecca con cavolo cinese	107
Braciola di vitello Suey	108
bistecca con cetriolo	109
mangiami carne	110
arrosto di cetriolo	112
Curry di manzo arrosto	113
cozze in salamoia	114
Germogli di bambù cotti al vapore	115
Marinata di pollo	116
Pollo al sesamo	117
Litchi allo zenzero	118
Ali di pollo cotte rosse	119
Polpa di granchio con cetriolo	120
funghi in salamoia	121

Funghi all'aglio marinati 122
Gamberetti e cavolfiore 123
Bastoncini di prosciutto con semi di sesamo 124
tofu freddo 125
Pollo con pancetta 126
Patatine fritte con pollo e banane 127
Pollo allo zenzero e funghi 128
pollo e prosciutto 130
Fegato di pollo alla griglia 131
Polpette di granchio con castagne d'acqua 132
Somma modesta 133
Involtini con prosciutto e pollo 134
Prosciutto cotto 136
pesce pseudo affumicato 137
funghi stufati 139
Funghi in salsa di ostriche 140
Involtini di maiale e insalata 141
Polpette di maiale e castagne 143
carne di maiale, gnocchi e crauti 144
Panini di maiale e manzo 145
gamberetti farfalla 146
Gamberetti cinesi 147
nuvola di drago 148
gamberetti croccanti 149
Gamberetti con salsa allo zenzero 150
Involtini con gamberi e pasta 151
toast ai gamberetti 153
Wonton di maiale e gamberi con salsa agrodolce 154
Brodo di pollo 156
Zuppa di germogli di maiale e fagioli 157
Zuppa di abalone e funghi 158
Zuppa di pollo e asparagi 160
Brodo di pollo 161
Zuppa cinese con manzo e foglie 162
Zuppa di cavoli 163
Zuppa di manzo piccante 164

zuppa paradisiaca 166
Zuppa con pollo e germogli di bambù 167
Zuppa di pollo e mais 168
Zuppa di pollo e zenzero 169
Zuppa di funghi cinese con pollo 170
Zuppa di pollo e riso 171
Zuppa con pollo e cocco 172
Zuppa di vongole 173
zuppa di uova 174
Zuppa di granchio e capesante 175
zuppa di granchio 177
Zuppa di pesce 178
Pesce e zuppa principale 179
Zuppa di zenzero con polpette 181
zuppa forte e acida 182
Zuppa di funghi 183
Zuppa di funghi e cavoli 184
Zuppa di funghi e uova 185
Zuppa di funghi e castagne con acqua 186
Zuppa di maiale e funghi 187
Zuppa di maiale e crescione 188
Zuppa di cetrioli di maiale 189
Zuppa con polpette e tagliatelle 190
Zuppa con spinaci e tofu 191
Zuppa di mais dolce e granchio 192
Zuppa di Sichuan 193
zuppa di tofu 195
Zuppa di pesce e tofu 196
zuppa di pomodoro 197
Zuppa di pomodoro e zuppa di spinaci 198
zuppa di rape 199
minestra 200
zuppa vegetariana 201
zuppa di crescione 202
Pesce fritto con verdure 203
Pesce intero al forno 205

Pesce di soia al vapore *206*
Pesce di soia con salsa di ostriche *207*
branzino al vapore *209*
Pesce in umido con funghi *210*
pesce in agrodolce *212*
Pesce ripieno di carne di maiale *214*
Carpa al vapore, piccante *216*

Gamberetti con salsa al litchi

Serve 4

50 g / 2 once / ¬Ω una tazza (universale)

Farina

2,5 ml/¬Ω cucchiaino di sale

1 uovo, leggermente sbattuto

30 ml/2 cucchiai di acqua

450 g di gamberi sgusciati

friggere nell'olio

30 ml/2 cucchiai di olio di arachidi (arachidi).

2 fette di zenzero, tritate

30 ml/2 cucchiai di aceto

5 ml/1 cucchiaino di zucchero

2,5 ml/¬Ω cucchiaino di sale

15 ml/1 cucchiaio di salsa di soia

200 g di litchi in un barattolo, sciacquati

Impastare la farina, il sale, le uova e l'acqua fino ad ottenere un impasto, aggiungendo eventualmente ancora un po' d'acqua. Mescolare i gamberetti finché non saranno ben ricoperti. Scaldare l'olio e friggere i gamberi per qualche minuto finché non saranno dorati e croccanti. Scolare su carta assorbente e metterla in una ciotola calda. Nel frattempo scaldate l'olio e fate soffriggere lo zenzero per 1 minuto. Aggiungere aceto, zucchero, sale e salsa di soia. Aggiungere il litchi e mescolare fino a quando sarà caldo e ricoperto di salsa. Versare sui gamberetti e servire subito.

Gamberi fritti con mandarino

Serve 4

60 ml/4 cucchiai di olio di arachidi (arachidi).
1 spicchio d'aglio, schiacciato
1 fetta di zenzero, tritata finemente
450 g di gamberi sgusciati
30 ml / 2 cucchiai di vino di riso o sherry secco 30 ml / 2 cucchiai di salsa di soia
15 ml / 1 cucchiaio di farina di mais (amido di mais)
45 ml/3 cucchiai di acqua

Scaldare l'olio d'oliva e friggere l'aglio e lo zenzero fino a doratura. Aggiungere i gamberetti e cuocere per 1 minuto.

Aggiungi vino o sherry e mescola bene. Aggiungere la salsa di soia, l'amido di mais e l'acqua e friggere per 2 minuti.

Gamberetti con salsa tritata

Serve 4

5 funghi cinesi secchi
225 g di germogli di soia
60 ml/4 cucchiai di olio di arachidi (arachidi).
5 ml/1 cucchiaino di sale
2 gambi di sedano, tritati
4 scalogni (cipolle), tritati
2 spicchi d'aglio, tritati
2 fette di zenzero, tritate
60 ml/4 cucchiai di acqua
15 ml/1 cucchiaio di salsa di soia
15 ml/1 cucchiaio di vino di riso o sherry secco
225 g / 8 oz taccole (piselli)
225 g di gamberetti sgusciati
15 ml / 1 cucchiaio di farina di mais (amido di mais)

Mettere a bagno i funghi in acqua tiepida per 30 minuti, quindi scolarli. Eliminare i gambi e tagliare le sommità. Cuocere i germogli di soia in acqua bollente per 5 minuti e scolarli bene. Scaldate metà dell'olio e fate soffriggere per 1 minuto il sale, il sedano, i cipollotti e i germogli di soia, quindi toglieteli dalla padella. Scaldare l'olio rimanente e friggere l'aglio e lo zenzero fino a doratura. Aggiungere metà dell'acqua, la salsa di soia, il vino o lo sherry, le taccole e i gamberi, portare a ebollizione e cuocere a fuoco lento per 3 minuti. Mescolare l'amido di mais e l'acqua rimanente fino a formare una pasta, aggiungere nella padella e cuocere, mescolando, finché la salsa non si sarà addensata. Rimettere le verdure nella padella e friggerle fino a quando saranno calde. Servire immediatamente.

Gamberetti con funghi cinesi

Serve 4

8 funghi cinesi secchi
45 ml/3 cucchiai di olio di arachidi (arachidi).
3 fette di zenzero, tritate
450 g di gamberi sgusciati

15 ml/1 cucchiaio di salsa di soia
5 ml/1 cucchiaino di sale
60 ml/4 cucchiai di brodo di pesce

Mettere a bagno i funghi in acqua tiepida per 30 minuti, quindi scolarli. Eliminare i gambi e tagliare le sommità. Scaldare metà dell'olio d'oliva e friggere lo zenzero fino a doratura. Aggiungere i gamberetti, la salsa di soia e il sale e friggere fino a ricoprirli di olio, quindi togliere dalla padella. Scaldate l'olio rimanente e friggete i funghi finché non saranno ricoperti d'olio. Aggiungere il brodo, portare ad ebollizione, coprire e cuocere a fuoco lento per 3 minuti. Riporta i gamberi nella padella e mescola fino a quando non saranno completamente riscaldati.

Gamberi e piselli fritti

Serve 4

450 g di gamberi sgusciati
5 ml/1 cucchiaino di olio di sesamo
5 ml/1 cucchiaino di sale
30 ml/2 cucchiai di olio di arachidi (arachidi).
1 spicchio d'aglio, schiacciato

1 fetta di zenzero, tritata finemente

225 g di piselli surgelati o sbollentati, scongelati

4 scalogni (cipolle), tritati

30 ml/2 cucchiai di acqua

sale e pepe

Mescolare i gamberi con olio di sesamo e sale. Scaldare l'olio e soffriggere l'aglio e lo zenzero per 1 minuto. Aggiungere i gamberetti e cuocere per 2 minuti. Aggiungere i piselli e friggere per 1 minuto. Aggiungere i cipollotti e l'acqua, condire con sale, pepe e un filo di olio di sesamo. Riscaldare, mescolando delicatamente, prima di servire.

Gamberetti con chutney di mango

Serve 4

12 gamberetti

sale e pepe

succo di 1 limone

30 ml / 2 cucchiai di farina di mais (amido di mais)

1 mango

5 ml/1 cucchiaino di senape in polvere

5 ml/1 cucchiaino di miele

30 ml/2 cucchiai di crema di cocco

30 ml/2 cucchiai di curry delicato

120 ml / 4 oz / ¬Ω tazza di brodo di pollo

45 ml/3 cucchiai di olio di arachidi (arachidi).

2 spicchi d'aglio, tritati

2 cipolline (scalogno), tritate

1 finocchio, macinato

100 g di chutney di mango

Sgusciare i gamberi, lasciando intatte le code. Cospargere di sale, pepe e succo di limone, quindi aggiungere metà dell'amido di mais. Sbucciare il mango, tagliare la polpa dall'osso e poi tagliare la polpa a cubetti. Incorporare la senape, il miele, la crema di cocco, il curry, l'amido di mais rimanente e il brodo. Scaldare metà dell'olio d'oliva e soffriggere l'aglio, il cipollotto e il finocchio per 2 minuti. Aggiungere il brodo, portare ad ebollizione e cuocere per 1 minuto. Aggiungere i cubetti di mango e la salsa piccante, scaldare a fuoco basso, quindi trasferire in un piatto caldo. Scaldare l'olio rimanente e friggere i gamberi per 2 minuti. Disporre sulle verdure e servire subito.

Polpette di gamberi fritti con salsa di cipolle

Serve 4

3 uova, leggermente sbattute
45 ml/3 cucchiai di farina (sì).
sale e pepe macinato fresco
450 g di gamberi sgusciati
friggere nell'olio
15 ml/1 cucchiaio di olio di arachidi (noci).
2 cipolle, tritate
15 ml / 1 cucchiaio di farina di mais (amido di mais)
30 ml/2 cucchiai di salsa di soia
175 ml / 6 oz / ć bicchiere d'acqua

Mescolare uova, farina, sale e pepe. Immergere i gamberi nella pastella. Scaldare l'olio e friggere i gamberi fino a doratura. Nel frattempo scaldate l'olio e fate soffriggere la cipolla per 1 minuto. Mescolare il resto degli ingredienti fino ad ottenere una pasta, aggiungere la cipolla e soffriggere, mescolando continuamente, finché la salsa non si sarà addensata. Scolare i gamberi e metterli in una ciotola calda. Versare sopra la salsa e servire subito.

Gamberi al mandarino con piselli

Serve 4

60 ml/4 cucchiai di olio di arachidi (arachidi).
1 spicchio d'aglio, tritato
1 fetta di zenzero, tritata finemente
450 g di gamberi sgusciati
30 ml/2 cucchiai di vino di riso o sherry secco
225 g di piselli surgelati, scongelati
30 ml/2 cucchiai di salsa di soia
15 ml / 1 cucchiaio di farina di mais (amido di mais)
45 ml/3 cucchiai di acqua

Scaldare l'olio d'oliva e friggere l'aglio e lo zenzero fino a doratura. Aggiungere i gamberetti e cuocere per 1 minuto. Aggiungi vino o sherry e mescola bene. Aggiungere i piselli e friggere per 5 minuti. Aggiungere il resto degli ingredienti e friggere per 2 minuti.

Gamberoni alla pechinese

Serve 4

30 ml/2 cucchiai di olio di arachidi (arachidi).

2 spicchi d'aglio, tritati

1 fetta di zenzero, tritata finemente

225 g di gamberetti sgusciati

4 scalogni, tagliati a fette spesse

120 ml / 4 oz / ¬Ω tazza di brodo di pollo

5 ml/1 cucchiaino di zucchero di canna

5 ml/1 cucchiaino di salsa di soia

5 ml/1 cucchiaino di salsa hoisin

5 ml/1 cucchiaino di salsa Tabasco

Scaldare l'olio d'oliva con l'aglio e lo zenzero e friggere fino a quando l'aglio sarà leggermente dorato. Aggiungere i gamberetti e cuocere per 1 minuto. Aggiungere l'erba cipollina e friggere per 1 minuto. Aggiungere gli altri ingredienti, portare a ebollizione, coprire e cuocere per 4 minuti, mescolando di tanto in tanto. Controllate il condimento e se preferite aggiungete ancora un po' di Tabasco.

Gamberetti con peperoni

Serve 4

30 ml/2 cucchiai di olio di arachidi (arachidi).

1 peperone verde, tagliato a pezzi

450 g di gamberi sgusciati

10 ml / 2 cucchiaini di farina di mais (amido di mais)

60 ml/4 cucchiai di acqua

5 ml/1 cucchiaino di vino di riso o sherry secco

2,5 ml/¬Ω cucchiaino di sale

45 ml / 2 cucchiai di passata di pomodoro (concentrata)

Scaldare l'olio e friggere i peperoni per 2 minuti. Aggiungete i gamberi e la passata di pomodoro e mescolate bene. Mescolare l'acqua di amido di mais, il vino o lo sherry e il sale fino a formare una pasta, aggiungere nella padella e cuocere, mescolando, fino a quando la salsa sarà chiara e densa.

Gamberi fritti con carne di maiale

Serve 4

225 g di gamberetti sgusciati

100 g di carne di maiale magra, macinata

60 ml/4 cucchiai di vino di riso o sherry secco

1 albume d'uovo

45 ml / 3 cucchiai di farina di mais (amido di mais)
5 ml/1 cucchiaino di sale
15 ml / 1 cucchiaio di acqua (facoltativo)
90 ml / 6 cucchiai di olio di arachidi (noci).
45 ml/3 cucchiai di brodo di pesce
5 ml/1 cucchiaino di olio di sesamo

Metti i gamberi e il maiale in ciotole separate. Mescolare 45 ml/3 cucchiai di vino o sherry, albume, 30 ml/2 cucchiai di amido di mais e sale fino ad ottenere un composto omogeneo, aggiungendo acqua se necessario. Dividere il composto tra carne di maiale e gamberi e mescolare bene fino a ottenere un composto omogeneo. Scaldare l'olio e friggere la carne di maiale e i gamberetti per qualche minuto fino a doratura. Togliere dalla padella e versare tutto tranne 15 ml/1 cucchiaio di olio. Aggiungere il brodo nella padella con il vino rimanente o lo sherry e l'amido di mais. Portare a ebollizione e cuocere, mescolando continuamente, finché la salsa non si sarà addensata. Versare sopra i gamberetti e il maiale e servire condito con olio di sesamo.

Gamberoni fritti con salsa allo sherry

Serve 4

50 g / 2 oz / ¬Ω tazza di farina per tutti gli usi.

2,5 ml/¬Ω cucchiaino di sale

1 uovo, leggermente sbattuto

30 ml/2 cucchiai di acqua

450 g di gamberi sgusciati

friggere nell'olio

15 ml/1 cucchiaio di olio di arachidi (noci).

1 cipolla, tritata finemente

45 ml/3 cucchiai di vino di riso o sherry secco

15 ml/1 cucchiaio di salsa di soia

120 ml / 4 oz / ¬Ω tazza di brodo di pesce

10 ml / 2 cucchiaini di farina di mais (amido di mais)

30 ml/2 cucchiai di acqua

Impastare la farina, il sale, le uova e l'acqua fino ad ottenere un impasto, aggiungendo eventualmente ancora un po' d'acqua. Mescolare i gamberetti finché non saranno ben ricoperti. Scaldare l'olio e friggere i gamberi per qualche minuto finché non saranno dorati e croccanti. Scolare su carta assorbente e metterla in una ciotola calda. Nel frattempo, scaldare l'olio e friggere la cipolla fino a renderla morbida. Aggiungere il vino o lo sherry, la salsa di soia e il brodo, portare a ebollizione e cuocere per 4 minuti. Aggiungere l'amido di mais e l'acqua a una pasta, aggiungere nella padella e soffriggere fino a quando la salsa sarà chiara e densa. Versare la salsa sui gamberi e servire.

gamberetti fritti al sesamo

Serve 4

450 g di gamberi sgusciati
¬Ω albume d'uovo
5 ml/1 cucchiaino di salsa di soia
5 ml/1 cucchiaino di olio di sesamo
50 g / 2 oz / ¬Ω tazza di farina di mais (amido di mais)
sale e pepe bianco appena macinato
friggere nell'olio
60 ml/4 cucchiai di semi di sesamo
Foglie di lattuga

Mescolare i gamberetti con gli albumi, la salsa di soia, l'olio di sesamo, l'amido di mais, sale e pepe. Se il composto risultasse troppo denso aggiungete un po' d'acqua. Scaldate l'olio e friggete i gamberi per qualche minuto finché non saranno leggermente colorati. Nel frattempo, tostare i semi di sesamo in una padella asciutta finché non saranno dorati. Scolate i gamberi e mescolateli con i semi di sesamo. Servire su un'insalata.

Gamberi fritti con guscio

Serve 4

60 ml/4 cucchiai di olio di arachidi (arachidi).
750 g di gamberetti sgusciati del peso di 1 Ω libbra
3 scalogni (cipolle), tritati
3 fette di zenzero, tritate
2,5 ml/¬Ω cucchiaino di sale
15 ml/1 cucchiaio di vino di riso o sherry secco
Tazza di ketchup da 120 ml / 4 once / ¬Ω (ketchup)
15 ml/1 cucchiaio di salsa di soia
15 ml/1 cucchiaio di zucchero
15 ml / 1 cucchiaio di farina di mais (amido di mais)
60 ml/4 cucchiai di acqua

Scaldare l'olio e friggere i gamberi per 1 minuto se cotti, o finché diventano rosa se crudi. Aggiungere l'erba cipollina, lo zenzero, il sale e il vino o lo sherry e friggere per 1 minuto. Aggiungere ketchup, soia e zucchero e friggere per 1 minuto. Mescolare la maizena con l'acqua, versarla nella padella e farla soffriggere, mescolando continuamente, finché la salsa non si schiarirà e si sarà addensata.

Gamberetto fritto

Serve 4

75 g / 3 oz / segale ¬ tazza di farina di mais (amido di mais)
1 albume d'uovo
5 ml/1 cucchiaino di vino di riso o sherry secco
Sale
350 g di gamberetti sgusciati
friggere nell'olio

Mescolare con amido di mais, albume, vino o sherry e un pizzico di sale fino a formare un impasto denso. Immergere i gamberi nella pastella fino a quando saranno ben ricoperti. Scaldare l'olio fino a quando sarà caldo e friggere i gamberi per qualche minuto finché non saranno dorati. Togliere dall'olio, scaldare fino a quando i gamberi saranno caldi, quindi friggerli nuovamente finché non saranno croccanti e dorati.

gamberetti in tempura

Serve 4

450 g di gamberi sgusciati
30 ml/2 cucchiai di farina (sì).
30 ml / 2 cucchiai di farina di mais (amido di mais)
30 ml/2 cucchiai di acqua
2 uova sbattute
friggere nell'olio

Tagliate i gamberi a metà lungo la curva interna e allargateli a formare una farfalla. Mescolare la farina, l'amido di mais e l'acqua fino a formare un impasto, quindi aggiungere l'uovo. Scaldare l'olio e friggere i gamberi fino a doratura.

sotto la gomma

Serve 4

30 ml/2 cucchiai di olio di arachidi (arachidi).
2 cipolline (scalogno), tritate
1 spicchio d'aglio, schiacciato
1 fetta di zenzero, tritata finemente

100 g di petto di pollo, tagliato a listarelle
100 g di prosciutto, tagliato a listarelle
100 g di germogli di bambù tagliati a strisce
100 g di castagne d'acqua, tagliate a listarelle
225 g di gamberetti sgusciati
30 ml/2 cucchiai di salsa di soia
30 ml/2 cucchiai di vino di riso o sherry secco
5 ml/1 cucchiaino di sale
5 ml/1 cucchiaino di zucchero
5 ml / 1 cucchiaino di farina di mais (amido di mais)

Scaldare l'olio d'oliva e friggere la cipolla, l'aglio e lo zenzero fino a doratura. Aggiungi il pollo e friggi per 1 minuto. Aggiungere il prosciutto, i germogli di bambù e le castagne d'acqua e friggere per 3 minuti. Aggiungere i gamberetti e cuocere per 1 minuto. Aggiungere salsa di soia, vino o sherry, sale e zucchero e cuocere per 2 minuti. Mescolare la farina di mais con un po' d'acqua, versarla nella padella e farla soffriggere a fuoco basso, mescolando continuamente, per 2 minuti.

Gamberetti con tofu

Serve 4

45 ml/3 cucchiai di olio di arachidi (arachidi).
225 g di tofu, tagliato a cubetti
1 cipollotto (scalogno), tritato
1 spicchio d'aglio, schiacciato
15 ml/1 cucchiaio di salsa di soia
5 ml/1 cucchiaino di zucchero
90 ml/6 cucchiai di brodo di pesce
225 g di gamberetti sgusciati
15 ml / 1 cucchiaio di farina di mais (amido di mais)
45 ml/3 cucchiai di acqua

Scaldate metà dell'olio e friggete il tofu finché non sarà leggermente dorato, quindi toglietelo dalla padella. Scaldare l'olio d'oliva rimanente e friggere la cipolla e l'aglio fino a doratura. Aggiungere la soia, lo zucchero e il brodo e portare a ebollizione. Aggiungere i gamberi e friggere per 3 minuti a fuoco basso. Mescolare l'amido di mais e l'acqua fino a formare una pasta, aggiungerla nella padella e friggere, mescolando continuamente, finché la salsa non si sarà addensata. Riporta il tofu nella padella e cuoci finché è caldo.

Gamberetti con pomodorini

Serve 4

2 albumi
30 ml / 2 cucchiai di farina di mais (amido di mais)
5 ml/1 cucchiaino di sale
450 g di gamberi sgusciati
friggere nell'olio
30 ml/2 cucchiai di vino di riso o sherry secco
225 g di pomodori pelati, privati dei semi e tagliati a pezzetti

Mescolare gli albumi, l'amido di mais e il sale. Aggiungere i gamberetti finché non saranno ben ricoperti. Scaldare l'olio e friggere i gamberi fino a cottura. Versare tutto tranne 15 ml/1 cucchiaio di olio e scaldarlo. Aggiungere vino o sherry e pomodori e portare a ebollizione. Aggiungere i gamberi e scaldare velocemente prima di servire.

Gamberetti con salsa di pomodoro

Serve 4

30 ml/2 cucchiai di olio di arachidi (arachidi).
1 spicchio d'aglio, schiacciato

2 fette di zenzero, tritate

2,5 ml/½ cucchiaino di sale

15 ml/1 cucchiaio di vino di riso o sherry secco

15 ml/1 cucchiaio di salsa di soia

6 ml/4 cucchiai di ketchup (ketchup)

120 ml / 4 oz / ½ tazza di brodo di pesce

350 g di gamberetti sgusciati

10 ml / 2 cucchiaini di farina di mais (amido di mais)

30 ml/2 cucchiai di acqua

Scaldare l'olio e soffriggere l'aglio, lo zenzero e il sale per 2 minuti. Aggiungere il vino o lo sherry, la salsa di soia, il ketchup e il brodo e portare a ebollizione. Aggiungere i gamberi, coprire e cuocere per 2 minuti. Lavorare la maizena e l'acqua fino ad ottenere un impasto, versarlo in una pentola e cuocere a fuoco basso, mescolando continuamente, finché la salsa non diventerà chiara e si sarà addensata.

Gamberetti con salsa di pomodoro e peperoncino

Serve 4

60 ml/4 cucchiai di olio di arachidi (arachidi).

15 ml/1 cucchiaio di zenzero macinato
15 ml/1 cucchiaio di aglio tritato finemente
15 ml/1 cucchiaio di erba cipollina tritata
60 ml / 4 cucchiai di passata di pomodoro (concentrata)
15 ml/1 cucchiaio di salsa piccante
450 g di gamberi sgusciati
15 ml / 1 cucchiaio di farina di mais (amido di mais)
15 ml/1 cucchiaio di acqua

Scaldare l'olio e soffriggere lo zenzero, l'aglio e il cipollotto per 1 minuto. Aggiungere la passata di pomodoro e la salsa piccante, mescolare bene. Aggiungere i gamberetti e cuocere per 2 minuti. Mescolare l'amido di mais e l'acqua fino ad ottenere un composto omogeneo, aggiungerlo nella padella e cuocere finché la salsa non si sarà addensata. Servire immediatamente.

Gamberi fritti con salsa di pomodoro

Serve 4

50 g / 2 oz / ¬Ω tazza di farina per tutti gli usi.

2,5 ml/¬Ω cucchiaino di sale

1 uovo, leggermente sbattuto

30 ml/2 cucchiai di acqua

450 g di gamberi sgusciati

friggere nell'olio

30 ml/2 cucchiai di olio di arachidi (arachidi).

1 cipolla, tritata finemente

2 fette di zenzero, tritate

75 ml / 5 cucchiai di ketchup (ketchup)

10 ml / 2 cucchiaini di farina di mais (amido di mais)

30 ml/2 cucchiai di acqua

Impastare la farina, il sale, le uova e l'acqua fino ad ottenere un impasto, aggiungendo eventualmente ancora un po' d'acqua. Mescolare i gamberetti finché non saranno ben ricoperti. Scaldare l'olio e friggere i gamberi per qualche minuto finché non saranno dorati e croccanti. Asciugare su carta assorbente.

Nel frattempo, scaldare l'olio e friggere la cipolla e lo zenzero fino a renderli morbidi. Aggiungere il ketchup e cuocere per 3 minuti. Mescolare l'amido di mais e l'acqua fino a formare una pasta, aggiungerla nella padella e friggere, mescolando continuamente, finché la salsa non si sarà addensata. Aggiungere i gamberetti nella padella e friggerli fino a doratura. Servire immediatamente.

Gamberetti con verdure

Serve 4

15 ml/1 cucchiaio di olio di arachidi (noci).
225 g di cimette di broccoli
225 g di funghi
225 g di germogli di bambù, tagliati a fette
450 g di gamberi sgusciati
120 ml / 4 oz / ½ tazza di brodo di pollo
5 ml / 1 cucchiaino di farina di mais (amido di mais)
5 ml/1 cucchiaino di salsa di ostriche
2,5 ml/½ cucchiaino di zucchero
2,5 ml/½ cucchiaino di radice di zenzero grattugiata
un pizzico di pepe appena macinato

Scaldare l'olio e friggere i broccoli per 1 minuto. Aggiungere i funghi e i germogli di bambù e friggere per 2 minuti. Aggiungere i gamberetti e cuocere per 2 minuti. Mescolare gli ingredienti rimanenti e aggiungerli al composto di gamberetti. Portare a ebollizione, mescolando continuamente, quindi cuocere per 1 minuto.

Gamberi con castagne d'acqua

Serve 4

60 ml/4 cucchiai di olio di arachidi (arachidi).
1 spicchio d'aglio, tritato
1 fetta di zenzero, tritata finemente
450 g di gamberi sgusciati
30 ml / 2 cucchiai di vino di riso o sherry secco 225 g / 8 oz di castagne d'acqua, affettate
30 ml/2 cucchiai di salsa di soia
15 ml / 1 cucchiaio di farina di mais (amido di mais)
45 ml/3 cucchiai di acqua

Scaldare l'olio d'oliva e friggere l'aglio e lo zenzero fino a doratura. Aggiungere i gamberetti e cuocere per 1 minuto. Aggiungi vino o sherry e mescola bene. Aggiungere le castagne d'acqua e friggere per 5 minuti. Aggiungere il resto degli ingredienti e friggere per 2 minuti.

gamberetti wonton

Serve 4

450 g di gamberi sgusciati, tritati
225 g di verdure miste tritate
15 ml/1 cucchiaio di salsa di soia
2,5 ml/¬Ω cucchiaino di sale
qualche goccia di olio di sesamo
40 pelli di wonton
friggere nell'olio

Mescolare gamberi, verdure, salsa di soia, sale e olio di sesamo.

Per assemblare i wonton, tenete la pelle con la mano sinistra e versate un po' del ripieno al centro. Spennellare i bordi con l'uovo e piegare il guscio a triangolo, incollando insieme i bordi. Bagnare gli angoli con l'uovo e arrotolarli.

Scaldare l'olio e friggere diversi wonton fino a doratura. Scolare bene prima di servire.

Cozze Con Pollo

Serve 4

400 g di cozze in scatola
30 ml/2 cucchiai di olio di arachidi (arachidi).
100 g di petto di pollo, tagliato a cubetti
100 g di germogli di bambù, tagliati a fette
250 ml/8 once/1 tazza di brodo di pesce
15 ml/1 cucchiaio di vino di riso o sherry secco
5 ml/1 cucchiaino di zucchero
2,5 ml/¬Ω cucchiaino di sale
15 ml / 1 cucchiaio di farina di mais (amido di mais)
45 ml/3 cucchiai di acqua

Scolare e tritare le vongole, conservando il succo. Scaldare l'olio e friggere il pollo fino a doratura chiara. Aggiungere le vongole e i germogli di bambù e friggere per 1 minuto. Aggiungere il liquido delle vongole, il brodo, il vino o lo sherry, lo zucchero e il sale, portare a ebollizione e cuocere per 2 minuti. Mescolare l'amido di mais e l'acqua fino a formare una pasta e cuocere a fuoco lento, mescolando continuamente, finché la salsa non si schiarisce e si addensa. Servire immediatamente.

Abalone con asparagi

Serve 4

10 funghi cinesi secchi
30 ml/2 cucchiai di olio di arachidi (arachidi).
15 ml/1 cucchiaio di acqua
225 g di asparagi
2,5 ml/¬Ω cucchiaino di salsa di pesce
15 ml / 1 cucchiaio di farina di mais (amido di mais)
225 g di abalone in scatola, affettato
60 ml/4 cucchiai di brodo
¬Ω carota piccola, affettata
5 ml/1 cucchiaino di salsa di soia
5 ml/1 cucchiaino di salsa di ostriche

5 ml/1 cucchiaino di vino di riso o sherry secco

Mettere a bagno i funghi in acqua tiepida per 30 minuti, quindi scolarli. Scartare i gambi. Scaldare 15 ml/1 cucchiaio di olio con acqua e friggere le capsule dei funghi per 10 minuti. Nel frattempo cuocere gli asparagi in acqua bollente con la salsa di pesce e 1 cucchiaino/5 ml di amido di mais finché saranno teneri. Scolateli bene e metteteli in una ciotola tiepida insieme ai funghi. Tienili al caldo. Scaldare l'olio rimasto e friggere le vongole per pochi secondi, quindi aggiungere il brodo, le carote, la salsa di soia, la salsa di ostriche, il vino o lo sherry e l'amido di mais rimasto. Cuocere per circa 5 minuti fino a cottura, quindi aggiungere gli asparagi e servire.

Abalone con funghi

Serve 4

6 funghi cinesi secchi
400 g di cozze in scatola
45 ml/3 cucchiai di olio di arachidi (arachidi).

2,5 ml/¬Ω cucchiaino di sale

15 ml/1 cucchiaio di vino di riso o sherry secco

3 scalogni (cipolle), tagliati a fette spesse

Mettere a bagno i funghi in acqua tiepida per 30 minuti, quindi scolarli. Eliminare i gambi e tagliare le sommità. Scolare e tritare le vongole, conservando il succo. Scaldare l'olio e friggere il sale e i funghi per 2 minuti. Aggiungere il liquido delle vongole e lo sherry, portare a ebollizione, coprire e cuocere per 3 minuti. Aggiungere le cozze e i cipollotti e friggerli fino a doratura. Servire immediatamente.

Abalone con salsa di ostriche

Serve 4

400 g di cozze in scatola

15 ml / 1 cucchiaio di farina di mais (amido di mais)

15 ml/1 cucchiaio di salsa di soia

45 ml/3 cucchiai di salsa di ostriche

30 ml/2 cucchiai di olio di arachidi (arachidi).

50 g di prosciutto affumicato a fette

Svuotare lo stampo delle vongole e mettere da parte 90 ml/6 cucchiai di liquido. Mescolare con amido di mais, salsa di soia e salsa di ostriche. Scaldare l'olio e friggere le cozze sgocciolate per 1 minuto. Aggiungere il composto di salsa e cuocere, mescolando, finché è caldo, circa 1 minuto. Versare in una ciotola calda e servire decorando con il prosciutto.

cozze al vapore

Serve 4

24 cozze

Pulite accuratamente le cozze e mettetele a bagno in acqua salata per diverse ore. Sciacquateli sotto l'acqua corrente e adagiateli su un vassoio profondo. Disporre su una griglia per la cottura a vapore, coprire e cuocere in acqua bollente per circa 10 minuti, finché tutte le cozze non si saranno aperte. Butta via tutto ciò che rimane chiuso. Servire con salse.

Cozze con germogli di soia

Serve 4

24 cozze
15 ml/1 cucchiaio di olio di arachidi (noci).
150 g di germogli di soia
1 peperone verde, tagliato a strisce
2 cipolline (scalogno), tritate
15 ml/1 cucchiaio di vino di riso o sherry secco
sale e pepe macinato fresco
2,5 ml/¬Ω cucchiaino di olio di sesamo
50 g di prosciutto affumicato a fette

Pulite accuratamente le cozze e mettetele a bagno in acqua salata per diverse ore. Sciacquare sotto l'acqua corrente. In una pentola fate bollire l'acqua, aggiungete le cozze e fate cuocere per qualche minuto finché non si saranno aperte. Svuota e butta tutto ciò che rimane chiuso. Togliere le vongole dal guscio.

Scaldare l'olio e friggere i germogli di soia per 1 minuto. Aggiungere i peperoni e il cipollotto e friggere per 2 minuti. Aggiungere vino o sherry e condire con sale e pepe. Scaldare, quindi aggiungere le cozze e mescolare fino a quando saranno ben amalgamate e riscaldate. Trasferire su un piatto caldo e servire condito con olio di sesamo e prosciutto.

Cozze con zenzero e aglio

Serve 4

24 cozze

15 ml/1 cucchiaio di olio di arachidi (noci).

2 fette di zenzero, tritate

2 spicchi d'aglio, tritati

15 ml/1 cucchiaio di acqua

5 ml/1 cucchiaino di olio di sesamo

sale e pepe macinato fresco

Pulite accuratamente le cozze e mettetele a bagno in acqua salata per diverse ore. Sciacquare sotto l'acqua corrente. Scaldare l'olio e soffriggere lo zenzero e l'aglio per 30 secondi. Aggiungete le cozze, l'acqua e l'olio di sesamo, coprite e fate cuocere per circa 5 minuti finché le cozze non si saranno aperte. Butta via tutto ciò che rimane chiuso. Condire leggermente con sale e pepe e servire immediatamente.

cozze al vapore

Serve 4

24 cozze

60 ml/4 cucchiai di olio di arachidi (arachidi).

4 spicchi d'aglio, tritati

1 cipolla tritata

2,5 ml/¬Ω cucchiaino di sale

Pulite accuratamente le cozze e mettetele a bagno in acqua salata per diverse ore. Sciacquare sotto l'acqua corrente e poi asciugare. Scaldare l'olio d'oliva e soffriggere l'aglio, la cipolla e il sale fino a renderli morbidi. Aggiungete le cozze, coprite e fate cuocere per circa 5 minuti, finché tutte le cozze non si saranno aperte. Butta via tutto ciò che rimane chiuso. Friggere dolcemente per un altro 1 minuto, spennellare con olio.

torta di granchio

Serve 4

225 g di germogli di soia
60 ml/4 cucchiai di olio di arachidi 100 g di germogli di bambù
tagliati a listarelle
1 cipolla tritata
225 g di scaglie di polpa di granchio
4 uova, leggermente sbattute
15 ml / 1 cucchiaio di farina di mais (amido di mais)
30 ml/2 cucchiai di salsa di soia
sale e pepe macinato fresco

Cuocere i germogli di soia in acqua bollente per 4 minuti, scolarli. Scaldare metà dell'olio e friggere i germogli di soia, i germogli di bambù e la cipolla fino a renderli morbidi. Togliere dal fuoco e aggiungere tutti gli ingredienti rimanenti tranne l'olio. Scaldare l'olio rimanente in una padella pulita e disporre il composto di polpa di granchio in piccole polpette. Friggere su entrambi i lati fino a doratura e servire immediatamente.

Crema di granchio

Serve 4

225 g di polpa di granchio
5 uova sbattute
1 cipollotto (scalogno), tritato finemente
250 ml/8 once/1 tazza di acqua
5 ml/1 cucchiaino di sale
5 ml/1 cucchiaino di olio di sesamo

Mescolare bene tutti gli ingredienti. Mettere in una ciotola, coprire e posizionare a bagnomaria sopra l'acqua calda o su una griglia a vapore. Cuocere a vapore per circa 35 minuti fino a ottenere una crema, mescolando di tanto in tanto. Servire con riso.

Polpa di granchio cinese con foglie

Serve 4

450 g / 1 libbra di foglie cinesi, tritate
45 ml/3 cucchiai di olio vegetale
2 cipolline (scalogno), tritate
225 g di polpa di granchio
15 ml/1 cucchiaio di salsa di soia
15 ml/1 cucchiaio di vino di riso o sherry secco
5 ml/1 cucchiaino di sale

Cuocere le foglie cinesi in acqua bollente per 2 minuti, scolarle bene e sciacquarle con acqua fredda. Scaldare l'olio e friggere la cipolla fino a doratura. Aggiungere la polpa di granchio e cuocere per 2 minuti. Aggiungere le foglie di porcellana e friggere per 4 minuti. Aggiungere la salsa di soia, il vino o lo sherry e il sale e mescolare bene. Aggiungere il brodo e l'amido di mais, portare a ebollizione e cuocere, mescolando, per 2 minuti, finché la salsa non si schiarirà e si addensa.

Granchio Foo Yung con germogli di soia

Serve 4

6 uova sbattute
45 ml / 3 cucchiai di farina di mais (amido di mais)
225 g di polpa di granchio
100 g di germogli di soia
2 cipolline (scalogno), tritate finemente
2,5 ml/¬Ω cucchiaino di sale
45 ml/3 cucchiai di olio di arachidi (arachidi).

Sbattere le uova, quindi aggiungere l'amido di mais. Mescolare tutti gli ingredienti rimanenti tranne l'olio. Scaldare l'olio e versare il composto nella padella poco alla volta, formando delle tortine di circa 7,5 cm di diametro. Friggere fino a doratura sul fondo, quindi girare e friggere sull'altro lato.

granchio allo zenzero

Serve 4

15 ml/1 cucchiaio di olio di arachidi (noci).
2 fette di zenzero, tritate
4 scalogni (cipolle), tritati
3 spicchi d'aglio, tritati
1 peperoncino rosso, tritato
350 g di scaglie di polpa di granchio
2,5 ml/¬Ω cucchiaino di pasta di pesce
2,5 ml/¬Ω cucchiaino di olio di sesamo
15 ml/1 cucchiaio di vino di riso o sherry secco
5 ml / 1 cucchiaino di farina di mais (amido di mais)
15 ml/1 cucchiaio di acqua

Scaldare l'olio e soffriggere lo zenzero, il cipollotto, l'aglio e il peperoncino per 2 minuti. Aggiungere la polpa di granchio e mescolare fino a ricoprirla con le spezie. Aggiungi la pasta di pesce. Mescolare gli ingredienti rimanenti fino a formare una pasta, quindi versarli nella padella e friggere per 1 minuto. Servire immediatamente.

Granchio Lo Mein

Serve 4

100 g di germogli di soia
30 ml/2 cucchiai di olio di arachidi (arachidi).
5 ml/1 cucchiaino di sale
1 cipolla, tritata
100 g di funghi tagliati a fette
225 g di scaglie di polpa di granchio
100 g di germogli di bambù, tagliati a fette
Tagliatelle rialzate
30 ml/2 cucchiai di salsa di soia
5 ml/1 cucchiaino di zucchero
5 ml/1 cucchiaino di olio di sesamo
sale e pepe macinato fresco

Sbollentare i germogli di soia in acqua bollente per 5 minuti e scolarli. Scaldare l'olio e friggere il sale e la cipolla fino a renderli morbidi. Aggiungere i funghi e friggerli fino a renderli morbidi. Aggiungere la polpa di granchio e cuocere per 2 minuti. Aggiungere i germogli di soia e i germogli di bambù e cuocere per 1 minuto. Aggiungete la pasta scolata nella padella e mescolate delicatamente. Mescolare soia, zucchero e olio di sesamo, condire con sale e pepe. Mescolare la padella finché è calda.

Granchio fritto con carne di maiale

Serve 4

30 ml/2 cucchiai di olio di arachidi (arachidi).
100 g di carne di maiale macinata (macinata).
350 g di scaglie di polpa di granchio
2 fette di zenzero, tritate
2 uova, leggermente sbattute
15 ml/1 cucchiaio di salsa di soia
15 ml/1 cucchiaio di vino di riso o sherry secco
30 ml/2 cucchiai di acqua
sale e pepe macinato fresco
4 cipolle (scalogno), tagliate a listarelle

Scaldare l'olio e friggere la carne di maiale finché non prende colore. Aggiungere la polpa di granchio e lo zenzero e cuocere per 1 minuto. Unire le uova. Aggiungere salsa di soia, vino o sherry, acqua, sale e pepe e cuocere per circa 4 minuti, mescolando continuamente. Servire decorato con erba cipollina.

Polpa di granchio cotta

Serve 4

30 ml/2 cucchiai di olio di arachidi (arachidi).
450 g di scaglie di polpa di granchio
2 cipolline (scalogno), tritate
2 fette di zenzero, tritate
30 ml/2 cucchiai di salsa di soia
30 ml/2 cucchiai di vino di riso o sherry secco
2,5 ml/¬Ω cucchiaino di sale
15 ml / 1 cucchiaio di farina di mais (amido di mais)
60 ml/4 cucchiai di acqua

Scaldare l'olio e friggere la polpa di granchio, l'erba cipollina e lo zenzero per 1 minuto. Aggiungere la salsa di soia, il vino o lo sherry e il sale, coprire e cuocere per 3 minuti. Aggiungere l'amido di mais e l'acqua a una pasta, aggiungere nella padella e soffriggere fino a quando la salsa sarà chiara e densa.

Polpette di calamari fritti

Serve 4

450 g di calamari
50 g di strutto tritato
1 albume d'uovo
2,5 ml/¬Ω cucchiaino di zucchero
2,5 ml / ¬Ω cucchiaino di maizena (amido di mais)
sale e pepe macinato fresco
friggere nell'olio

Pulite i calamari e tritateli o riduceteli in poltiglia. Mescolare con lo strutto, gli albumi, lo zucchero e l'amido di mais, aggiustare di sale e pepe. Formare delle palline dal composto risultante. Scaldare l'olio e friggere le palline di cipolla, possibilmente in porzioni, finché non galleggiano nell'olio e diventano dorate. Scolare bene e servire subito.

Aragosta alla cantonese

Serve 4

2 aragoste
30 ml/2 cucchiai di olio
15 ml/1 cucchiaio di salsa di fagioli neri
1 spicchio d'aglio, schiacciato
1 cipolla tritata
225 g di carne di maiale macinata (macinata).
45 ml/3 cucchiai di salsa di soia
5 ml/1 cucchiaino di zucchero
sale e pepe macinato fresco
15 ml / 1 cucchiaio di farina di mais (amido di mais)
75 ml/5 cucchiai di acqua
1 uovo sbattuto

Schiacciare le aragoste, togliere la carne e tagliarle a cubetti da 1 pollice. Scaldare l'olio d'oliva e friggere la salsa di fagioli neri, l'aglio e la cipolla fino a doratura. Aggiungere la carne di maiale e friggere fino a doratura. Aggiungere la salsa di soia, lo zucchero, il sale, il pepe e l'aragosta, coprire e cuocere a fuoco lento per circa 10 minuti. Mescolare l'amido di mais e l'acqua fino a formare una pasta, aggiungerla nella padella e friggere, mescolando continuamente, finché la salsa non diventa chiara e si addensa. Prima di servire, spegnete il fuoco e aggiungete l'uovo.

aragosta fritta

Serve 4

450 g di carne di aragosta
30 ml/2 cucchiai di salsa di soia
5 ml/1 cucchiaino di zucchero
1 uovo sbattuto
30 ml/3 cucchiai di farina (sì).
friggere nell'olio

Tagliare la carne di aragosta a cubetti da 1 pollice e condire con salsa di soia e zucchero. Lasciare agire per 15 minuti e filtrare. Mescolare le uova e la farina, quindi aggiungere l'aragosta e mescolare bene per ricoprirla. Scaldare l'olio e friggere l'aragosta fino a doratura. Scolare su carta assorbente prima di servire.

Aragosta al vapore con prosciutto

Serve 4

4 uova, leggermente sbattute
60 ml/4 cucchiai di acqua
5 ml/1 cucchiaino di sale
15 ml/1 cucchiaio di salsa di soia
450 g di scaglie di carne di aragosta
15 ml/1 cucchiaio di prosciutto affumicato tritato
15 ml/1 cucchiaio di prezzemolo fresco tritato

Sbattere le uova con acqua, sale e salsa di soia. Versare in una ciotola antiaderente e cospargere sopra la polpa dell'aragosta. Metti la ciotola sulla vaporiera, copri e cuoci a vapore per 20 minuti finché le uova non si saranno solidificate. Servire decorato con prosciutto e prezzemolo.

Aragosta con funghi

Serve 4

450 g di carne di aragosta

15 ml / 1 cucchiaio di farina di mais (amido di mais)

60 ml/4 cucchiai di acqua

30 ml/2 cucchiai di olio di arachidi (arachidi).

4 scalogni, tagliati a fette spesse

100 g di funghi tagliati a fette

2,5 ml/¬Ω cucchiaino di sale

1 spicchio d'aglio, schiacciato

30 ml/2 cucchiai di salsa di soia

15 ml/1 cucchiaio di vino di riso o sherry secco

Tagliare la polpa dell'aragosta a cubetti di 2,5 cm. Mescolare l'amido di mais e l'acqua fino ad ottenere una pasta, quindi aggiungere i cubetti di aragosta al composto per ricoprirli. Scaldare metà dell'olio e friggere i cubetti di aragosta finché saranno leggermente dorati, quindi toglierli dalla padella. Scaldare l'olio rimanente e friggere la cipolla fino a doratura. Aggiungere i funghi e friggere per 3 minuti. Aggiungere sale, aglio, salsa di soia e vino o sherry e friggere per 2 minuti. Riporta l'aragosta nella padella e cuoci fino a quando diventa calda.

Code di aragosta con carne di maiale

Serve 4

3 funghi cinesi secchi
4 code di aragosta
60 ml/4 cucchiai di olio di arachidi (arachidi).
100 g di carne di maiale macinata (macinata).
50 g di castagne d'acqua, tritate finemente
sale e pepe macinato fresco
2 spicchi d'aglio, tritati
45 ml/3 cucchiai di salsa di soia
30 ml/2 cucchiai di vino di riso o sherry secco
30 ml/2 cucchiai di salsa di fagioli neri
10 ml / 2 cucchiai di farina di mais (amido di mais)
120 ml / 4 oz / ¬Ω tazza d'acqua

Mettere a bagno i funghi in acqua tiepida per 30 minuti, quindi scolarli. Eliminare i gambi e tritare le cappelle. Tagliare le code di aragosta a metà nel senso della lunghezza. Rimuovere la carne dalle code di aragosta, conservando i gusci. Scaldare metà dell'olio e friggere il maiale fino a doratura chiara. Togliere dal fuoco e aggiungere i funghi, la polpa dell'aragosta, le castagne d'acqua, sale e pepe. Avvolgere la carne nel guscio dell'aragosta e disporla su un piatto. Disporre su una griglia per la cottura a vapore, coprire e cuocere a vapore per circa 20 minuti fino a cottura. Nel frattempo, scaldare l'olio rimanente e soffriggere l'aglio, la salsa di soia, il vino/sherry e la salsa di fagioli neri per 2 minuti. Mescolare la maizena e l'acqua fino a formare un impasto, aggiungerlo nella pentola e cuocere a fuoco basso mescolando continuamente finché la salsa non si sarà addensata. Disporre l'astice su un piatto caldo, versarvi sopra la salsa e servire subito.

aragosta al vapore

Serve 4

Code di aragosta da 450 g/1 libbra
30 ml/2 cucchiai di olio di arachidi (arachidi).
1 spicchio d'aglio, schiacciato
2,5 ml/¬Ω cucchiaino di sale
350 g di germogli di soia
50 g di funghi
4 scalogni, tagliati a fette spesse
150 ml / ¬° ven. / una tazza solida di brodo di pollo

15 ml / 1 cucchiaio di farina di mais (amido di mais)

Portare a ebollizione una pentola d'acqua, aggiungere le code di aragosta e cuocere per 1 minuto. Scolare, raffreddare, eliminare la pelle e tagliare a fette spesse. Scaldare l'olio d'oliva con l'aglio e il sale e friggere fino a quando l'aglio sarà leggermente dorato. Aggiungere l'aragosta e friggere per 1 minuto. Aggiungere i germogli di soia e i funghi e friggere per 1 minuto. Aggiungi le cipolline. Versare la maggior parte del brodo, portare a ebollizione, coprire e cuocere a fuoco lento per 3 minuti. Mescolare l'amido di mais con il brodo rimasto, versare nella padella e cuocere, mescolando continuamente, fino a quando la salsa si schiarirà e si sarà addensata.

nido di aragosta

Serve 4

30 ml/2 cucchiai di olio di arachidi (arachidi).
5 ml/1 cucchiaino di sale
1 cipolla, tagliata a fettine sottili
100 g di funghi tagliati a fette
100 g di germogli di bambù, tritati 225 g di carne di aragosta cotta
15 ml/1 cucchiaio di vino di riso o sherry secco
120 ml / 4 oz / ¬Ω tazza di brodo di pollo
un pizzico di pepe appena macinato
10 ml / 2 cucchiaini di farina di mais (amido di mais)
15 ml/1 cucchiaio di acqua
4 cestini di pasta

Scaldare l'olio e friggere il sale e la cipolla fino a renderli morbidi. Aggiungere i funghi e i germogli di bambù e friggere per 2 minuti. Aggiungere la polpa dell'aragosta, il vino o lo sherry e il brodo, portare a ebollizione, coprire e cuocere per 2 minuti. Condire con pepe. Mescolare l'amido di mais e l'acqua fino a formare una pasta, aggiungerla nella padella e friggere, mescolando continuamente, finché la salsa non si sarà addensata. Disporre i nidi di pasta su un piatto caldo e ricoprirli con l'aragosta fritta.

Cozze in salsa di fagioli neri

Serve 4

45 ml/3 cucchiai di olio di arachidi (arachidi).
2 spicchi d'aglio, tritati
2 fette di zenzero, tritate
30 ml/2 cucchiai di salsa di fagioli neri
15 ml/1 cucchiaio di salsa di soia
1,5 kg di cozze lavate e barbute
2 cipolline (scalogno), tritate

Scaldare l'olio e soffriggere l'aglio e lo zenzero per 30 secondi. Aggiungere la salsa di fagioli neri e la salsa di soia e soffriggere per 10 secondi. Aggiungere le vongole, coprire e cuocere fino all'apertura delle vongole, circa 6 minuti. Butta via tutto ciò che rimane chiuso. Trasferire su un piatto caldo e servire cosparso di erba cipollina.

Cozze allo zenzero

Serve 4

45 ml/3 cucchiai di olio di arachidi (arachidi).
2 spicchi d'aglio, tritati
4 fette di zenzero, tritate
1,5 kg di cozze lavate e barbute
45 ml/3 cucchiai di acqua
15 ml/1 cucchiaio di salsa di ostriche

Scaldare l'olio e soffriggere l'aglio e lo zenzero per 30 secondi. Aggiungete le cozze e l'acqua, coprite e fate cuocere per circa 6 minuti, finché le cozze non si saranno aperte. Butta via tutto ciò che rimane chiuso. Trasferire in un piatto caldo e servire con salsa di ostriche.

Cozze al vapore

Serve 4

1,5 kg di cozze lavate e barbute
45 ml/3 cucchiai di salsa di soia
3 scalogni (cipolle), tritati finemente

Disporre le cozze sulla griglia per cottura a vapore, coprire e cuocere in acqua bollente per circa 10 minuti finché tutte le cozze non si saranno aperte. Butta via tutto ciò che rimane chiuso. Trasferire in un piatto caldo e servire cosparso di salsa di soia e cipollotto.

ostriche fritte

Serve 4

24 ostriche, sgusciate
sale e pepe macinato fresco
1 uovo sbattuto
50 g / 2 oz / ¬Ω tazza di farina per tutti gli usi.
250 ml/8 once/1 tazza di acqua
friggere nell'olio
4 scalogni (cipolle), tritati

Cospargere le ostriche con sale e pepe. Sbattere le uova con farina e acqua fino a formare un impasto tale da ricoprire le ostriche. Scaldare l'olio e friggere le ostriche fino a doratura. Scolatele su carta assorbente e servitele decorate con cipolline.

Ostriche con pancetta

Serve 4

175 g di pancetta
24 ostriche, sgusciate
1 uovo, leggermente sbattuto
15 ml/1 cucchiaio di acqua
45 ml/3 cucchiai di olio di arachidi (arachidi).
2 cipolle, tritate
15 ml / 1 cucchiaio di farina di mais (amido di mais)
15 ml/1 cucchiaio di salsa di soia
90 ml/6 cucchiai di brodo di pollo

Tagliare a pezzetti la pancetta e disporre alternativamente ciascuna ostrica a pezzetti. Sbattere le uova con l'acqua, quindi immergerle nelle ostriche per ricoprirle. Scaldare metà dell'olio e friggere le ostriche finché non saranno dorate su entrambi i lati, quindi toglierle dalla padella e scolare il grasso. Scaldare l'olio rimanente e friggere la cipolla fino a renderla morbida. Mescolare l'amido di mais, la soia e il brodo fino a formare una pasta, versare nella padella e friggere, mescolando, finché la salsa non diventa chiara e si addensa. Versare sulle ostriche e servire subito.

Ostriche fritte con zenzero

Serve 4

24 ostriche, sgusciate
2 fette di zenzero, tritate
30 ml/2 cucchiai di salsa di soia
15 ml/1 cucchiaio di vino di riso o sherry secco
4 cipolle (scalogno), tagliate a listarelle
100 g di pancetta
1 uovo
50 g / 2 oz / ¬Ω tazza di farina per tutti gli usi.
sale e pepe macinato fresco
friggere nell'olio
1 limone, tagliato a dadini

Metti le ostriche in una ciotola con lo zenzero, la salsa di soia e il vino o lo sherry e mescola bene per ricoprirle. Lasciare agire per 30 minuti. Metti alcune strisce di cipolla su ogni ostrica. Tagliare a pezzetti la pancetta e disporre alternativamente ciascuna ostrica a pezzetti. Sbattere le uova e la farina in un impasto, condire con sale e pepe. Immergere le ostriche nella pastella finché non saranno ben ricoperte. Scaldare l'olio e friggere le ostriche fino a doratura. Servire decorato con fettine di limone.

Ostriche con salsa di fagioli neri

Serve 4

350 g di ostriche senza guscio
120 ml / 4 oz / ¬Ω tazza di olio di arachidi (arachidi).
2 spicchi d'aglio, tritati
3 cipolline (scalogno), affettate
15 ml/1 cucchiaio di salsa di fagioli neri
30 ml/2 cucchiai di salsa di soia scura
15 ml/1 cucchiaio di olio di sesamo
un pizzico di peperoncino

Sbollentare le ostriche in acqua bollente per 30 secondi e scolarle. Scaldare l'olio e soffriggere l'aglio e i cipollotti per 30 secondi. Aggiungere la salsa di fagioli neri, la salsa di soia, l'olio di sesamo e le ostriche e condire con peperoncino a piacere. Cuocere fino a quando sarà caldo e servire immediatamente.

Capesante con germogli di bambù

Serve 4

60 ml/4 cucchiai di olio di arachidi (arachidi).

6 cipolle (cipolle), tritate

225 g di funghi tagliati in quarti

15 ml/1 cucchiaio di zucchero

450 g di cozze con guscio

2 fette di zenzero, tritate

225 g di germogli di bambù, tagliati a fette

sale e pepe macinato fresco

300 ml / ¬Ω pt. / 1 ¬° tazza d'acqua

30 ml/2 cucchiai di aceto

30 ml / 2 cucchiai di farina di mais (amido di mais)

150 ml / ¬° ven. / generosamente ¬Ω bicchiere d'acqua

45 ml/3 cucchiai di salsa di soia

Scaldare l'olio e soffriggere la cipolla e i funghi per 2 minuti. Aggiungere lo zucchero, le cozze, lo zenzero, i germogli di bambù, sale e pepe, coprire e cuocere per 5 minuti. Aggiungere acqua e aceto, portare ad ebollizione, coprire e cuocere per 5 minuti. Mescolare l'amido di mais e l'acqua fino a formare una pasta, aggiungerla nella padella e friggere, mescolando continuamente, finché la salsa non si sarà addensata. Versare sopra la salsa di soia e servire.

Pellegrini con le uova

Serve 4

45 ml/3 cucchiai di olio di arachidi (arachidi).
350 g di cozze con guscio
25 g di prosciutto affumicato a fette
30 ml/2 cucchiai di vino di riso o sherry secco
5 ml/1 cucchiaino di zucchero
2,5 ml/¬Ω cucchiaino di sale
un pizzico di pepe appena macinato
2 uova, leggermente sbattute
15 ml/1 cucchiaio di salsa di soia

Scaldare l'olio e friggere le cozze per 30 secondi. Aggiungere il prosciutto e friggere per 1 minuto. Aggiungere il vino o lo sherry, lo zucchero, il sale e il pepe e cuocere per 1 minuto. Aggiungere l'uovo e mescolare delicatamente a fuoco alto finché gli ingredienti non saranno ben ricoperti dall'uovo. Servire cosparso di salsa di soia.

Capesante con broccoli

Serve 4

350 g di capesante affettate

3 fette di zenzero, tritate

¬Ω carota piccola, affettata

1 spicchio d'aglio, schiacciato

45 ml/3 cucchiai di farina (sì).

2,5 ml / ¬Ω cucchiaino di lievito in polvere (lievito in polvere)

30 ml/2 cucchiai di olio di arachidi (arachidi).

15 ml/1 cucchiaio di acqua

1 banana, a fette

friggere nell'olio

275 g di broccoli

Sale

5 ml/1 cucchiaino di olio di sesamo

2,5 ml/¬Ω cucchiaino di salsa piccante

2,5 ml/¬Ω cucchiaino di aceto

2,5 ml / ¬Ω cucchiaino di concentrato di pomodoro √ © e (colla)

Mescolare le capesante con lo zenzero, le carote e l'aglio e mettere da parte a raffreddare. Mescolare la farina, il lievito, 15 ml/1 cucchiaio di olio e l'acqua fino a formare un impasto, con esso ricoprire le fette di banana. Scaldare l'olio e friggere le banane fino a doratura, scolarle e metterle in una padella riscaldata. Nel frattempo lessate i broccoli in acqua bollente salata fino a quando saranno morbidi e scolateli. Scaldate l'olio di sesamo nell'olio rimasto e friggete brevemente i broccoli, quindi disponeteli su un piatto insieme ai platani. Aggiungere nella padella la salsa di peperoncino, l'aceto e la passata di pomodoro e friggere le cozze fino a cottura. Versare su un piatto e servire subito.

Pellegrini allo zenzero

Serve 4

45 ml/3 cucchiai di olio di arachidi (arachidi).

2,5 ml/¬Ω cucchiaino di sale

3 fette di zenzero, tritate

2 scalogni, tagliati a fette spesse

450 g di cozze con guscio, tagliate a metà

15 ml / 1 cucchiaio di farina di mais (amido di mais)

60 ml/4 cucchiai di acqua

Scaldare l'olio e friggere il sale e lo zenzero per 30 secondi. Aggiungere l'erba cipollina e friggere fino a doratura. Aggiungere le cozze e friggerle per 3 minuti. Lavorare la maizena e l'acqua fino a formare un impasto, aggiungerlo nella padella e cuocere a fuoco basso, mescolando continuamente, finché non si addensa. Servire immediatamente.

cozze con prosciutto

Serve 4

450 g di cozze con guscio, tagliate a metà
250 ml / 1 bicchiere di vino di riso o sherry secco
1 cipolla, tritata finemente
2 fette di zenzero, tritate
2,5 ml/¬Ω cucchiaino di sale
100 g di prosciutto affumicato, tagliato a fette

Mettete le cozze in una ciotola e aggiungete il vino o lo sherry. Coprire e marinare per 30 minuti, girando di tanto in tanto, quindi filtrare le vongole ed eliminare la marinata. Disporre le capesante in una pirofila con gli altri ingredienti. Mettete la pentola sulla griglia nella vaporiera, coprite e fate cuocere in acqua bollente per circa 6 minuti fino a quando le cozze saranno morbide.

Uova strapazzate con cozze ed erbe aromatiche

Serve 4

225 g di cozze con guscio
30 ml/2 cucchiai di coriandolo fresco tritato
4 uova sbattute
15 ml/1 cucchiaio di vino di riso o sherry secco
sale e pepe macinato fresco
15 ml/1 cucchiaio di olio di arachidi (noci).

Mettere le vongole in una vaporiera e cuocerle fino a cottura, circa 3 minuti, a seconda delle dimensioni. Togliere dalla vaporiera e cospargere con il coriandolo. Sbattere le uova con il vino o lo sherry e condire con sale e pepe. Aggiungi le cozze e il coriandolo. Scaldare l'olio e incorporare il composto di vongole e uova finché le uova non saranno solidificate. Servire immediatamente.

Cozze e cipolle al vapore

Serve 4

45 ml/3 cucchiai di olio di arachidi (arachidi).
1 cipolla, tritata
450 g di cozze con guscio, tagliate in quarti
sale e pepe macinato fresco
15 ml/1 cucchiaio di vino di riso o sherry secco

Scaldare l'olio e friggere la cipolla fino a renderla morbida. Aggiungere le cozze e friggerle fino a doratura. Condire con sale e pepe a piacere, bagnare con il vino o lo sherry e servire immediatamente.

Pellegrini con verdure

Server4.6

4 funghi cinesi secchi

2 cipolle

30 ml/2 cucchiai di olio di arachidi (arachidi).

3 gambi di sedano, tagliati a fette

225 g di fagiolini, tagliati a fette

10 ml/2 cucchiaini di radice di zenzero grattugiata

1 spicchio d'aglio, schiacciato

20 ml / 4 cucchiaini di farina di mais (amido di mais)

250 ml / 8 once / 1 tazza di brodo di pollo

30 ml/2 cucchiai di vino di riso o sherry secco

30 ml/2 cucchiai di salsa di soia

450 g di cozze con guscio, tagliate in quarti

6 cipolline (scalogno), affettate

Una scatola di pannocchie di mais con una capacità di 425 g

Mettere a bagno i funghi in acqua tiepida per 30 minuti, quindi scolarli. Eliminare i gambi e tagliare le sommità. Tagliare la cipolla e separare gli strati. Scaldate l'olio e fate soffriggere la cipolla, il sedano, i fagioli, lo zenzero e l'aglio per 3 minuti. Mescolare l'amido di mais con un po' di brodo e aggiungere il brodo rimanente, il vino o lo sherry e la soia. Aggiungere al wok e portare ad ebollizione, mescolando continuamente. Aggiungere i funghi, le cozze, la cipolla e il mais e friggere per circa 5 minuti fino a quando le cozze saranno morbide.

Pellegrini con peperoni

Serve 4

30 ml/2 cucchiai di olio di arachidi (arachidi).

3 scalogni (cipolle), tritati

1 spicchio d'aglio, schiacciato

2 fette di zenzero, tritate

2 peperoni rossi, tagliati a dadini

450 g di cozze con guscio

30 ml/2 cucchiai di vino di riso o sherry secco

15 ml/1 cucchiaio di salsa di soia

15 ml/1 cucchiaio di salsa di fagioli gialli

5 ml/1 cucchiaino di zucchero

5 ml/1 cucchiaino di olio di sesamo

Scaldare l'olio e soffriggere il cipollotto, l'aglio e lo zenzero per 30 secondi. Aggiungere i peperoni e friggere per 1 minuto. Aggiungere le capesante e friggerle per 30 secondi, quindi aggiungere gli ingredienti rimanenti e friggere per circa 3 minuti, finché le capesante saranno tenere.

Polpo con germogli di soia

Serve 4

450 g di calamari

30 ml/2 cucchiai di olio di arachidi (arachidi).

15 ml/1 cucchiaio di vino di riso o sherry secco

100 g di germogli di soia

15 ml/1 cucchiaio di salsa di soia

Sale

1 peperoncino rosso, tritato

2 fette di zenzero, tritate

2 cipolline (scalogno), tritate

Eliminate la testa, gli intestini e la membrana dei calamari e tagliateli a pezzi grossi. Ritaglia un motivo a forma di croce su ogni pezzo. Far bollire l'acqua in una padella, aggiungere i calamari e cuocere a fuoco basso finché i pezzi non si arricciano, scolarli e scolarli. Scaldate metà dell'olio e friggete velocemente i calamari. Versare il vino o lo sherry. Nel frattempo, scaldare l'olio rimanente e friggere i germogli di soia fino a renderli morbidi. Condire con salsa di soia e sale. Disporre il peperoncino, lo zenzero e i cipollotti attorno al piatto da portata. Disporre i germogli di soia al centro e i calamari sopra. Servire immediatamente.

calamaro fritto

Serve 4

50 g di farina 00 (sì).
25 g / 1 oz / ¬ tazza di farina di mais (amido di mais)
2,5 ml/¬Ω cucchiaino di lievito in polvere
2,5 ml/¬Ω cucchiaino di sale
1 uovo

75 ml/5 cucchiai di acqua

15 ml/1 cucchiaio di olio di arachidi (noci).

450 g di calamari tagliati ad anelli

friggere nell'olio

Preparare l'impasto con farina, amido di mais, lievito, sale, uova, acqua e olio. Immergere i calamari nella pastella fino a quando saranno ben ricoperti. Scaldare l'olio e friggere i calamari poco alla volta fino a doratura. Scolare su carta assorbente prima di servire.

Confezione di polpo

Serve 4

8 funghi cinesi secchi

450 g di calamari

100 g di prosciutto affumicato

100 g di tofu

1 uovo sbattuto

15 ml / 1 cucchiaio di farina (per tutti gli usi).

2,5 ml/¬Ω cucchiaino di zucchero

2,5 ml/¬Ω cucchiaino di olio di sesamo

sale e pepe macinato fresco

8 pelli di wonton

friggere nell'olio

Mettere a bagno i funghi in acqua tiepida per 30 minuti, quindi scolarli. Scartare i gambi. Pulite i calamari e tagliateli in 8 pezzi. Tagliare il prosciutto e il tofu in 8 pezzi. Metteteli tutti in una ciotola. Mescolare le uova con farina, zucchero, olio di sesamo, sale e pepe. Versare gli ingredienti nel contenitore e mescolare delicatamente. Metti i funghi e un pezzo di calamaro, prosciutto e tofu direttamente sotto il centro di ogni pelle di wonton. Piegare nell'angolo inferiore, piegare ai lati, quindi arrotolare e bagnare i bordi con acqua per sigillare. Scaldare l'olio e friggere le polpette per circa 8 minuti fino a doratura. Scolare bene prima di servire.

Calamaro fritto

Serve 4

45 ml/3 cucchiai di olio di arachidi (arachidi).
Anelli di polpo da 225 g
1 peperone verde grande, tagliato a pezzi
100 g di germogli di bambù, tagliati a fette
2 cipolline (scalogno), tritate finemente
1 fetta di zenzero, tritata finemente
45 ml/2 cucchiai di salsa di soia
30 ml/2 cucchiai di vino di riso o sherry secco
15 ml / 1 cucchiaio di farina di mais (amido di mais)
15 ml/1 cucchiaio di brodo di pesce o acqua
5 ml/1 cucchiaino di zucchero
5 ml/1 cucchiaino di aceto
5 ml/1 cucchiaino di olio di sesamo
sale e pepe macinato fresco

Scaldare 15 ml/1 cucchiaio di olio e friggere velocemente i calamari fino a cottura ultimata. Nel frattempo, scaldare l'olio rimasto in una padella a parte e friggere i peperoni, i germogli di bambù, i cipollotti e lo zenzero per 2 minuti. Aggiungere i calamari e friggerli per 1 minuto. Mescolare salsa di soia, vino o sherry, amido di mais, brodo, zucchero, aceto e olio di sesamo e condire con sale e pepe. Cuocere fino a quando la salsa si schiarisce e si addensa.

calamari al vapore

Serve 4

45 ml/3 cucchiai di olio di arachidi (arachidi).
3 scalogni (cipolle), tagliati a fette spesse
2 fette di zenzero, tritate
450 g di calamari, tagliati a pezzi
15 ml/1 cucchiaio di salsa di soia
15 ml/1 cucchiaio di vino di riso o sherry secco
5 ml / 1 cucchiaino di farina di mais (amido di mais)
15 ml/1 cucchiaio di acqua

Scaldare l'olio e friggere la cipolla e lo zenzero fino a renderli morbidi. Aggiungete i calamari e friggeteli finché non saranno ricoperti d'olio. Aggiungere la salsa di soia e il vino o lo sherry, coprire e cuocere per 2 minuti. Mescolare la maizena e l'acqua fino ad ottenere un impasto, aggiungerlo nella pentola e cuocere a fuoco basso, mescolando, finché la salsa non si sarà addensata e i calamari saranno morbidi.

Polpo con funghi secchi

Serve 4

50 g di funghi cinesi secchi
Anelli di polpo 450 g / 1 lb
45 ml/3 cucchiai di olio di arachidi (arachidi).
45 ml/3 cucchiai di salsa di soia
2 cipolline (scalogno), tritate finemente
1 fetta di zenzero, tritata finemente
225 g di germogli di bambù tagliati a strisce
30 ml / 2 cucchiai di farina di mais (amido di mais)
150 ml / ¬° ven. / buona ¬Ω tazza di brodo di pesce

Mettere a bagno i funghi in acqua tiepida per 30 minuti, quindi scolarli. Eliminare i gambi e tagliare le sommità. Sbollentare i calamari in acqua bollente per pochi secondi. Scaldare l'olio, aggiungere i funghi, la salsa di soia, il cipollotto e lo zenzero e friggere per 2 minuti. Aggiungere i calamari e i germogli di bambù e cuocere per 2 minuti. Unisci l'amido di mais e il fondente e mescola nella padella. Cuocere a fuoco basso, mescolando, finché la salsa non diventa chiara e si addensa.

Polpo Con Verdure

Serve 4

45 ml/3 cucchiai di olio di arachidi (arachidi).

1 cipolla, tritata

5 ml/1 cucchiaino di sale

450 g di calamari, tagliati a pezzi

100 g di germogli di bambù, tagliati a fette

2 gambi di sedano, tagliati a fette

60 ml/4 cucchiai di brodo di pollo

5 ml/1 cucchiaino di zucchero

100 g di taccole (piselli)

5 ml / 1 cucchiaino di farina di mais (amido di mais)

15 ml/1 cucchiaio di acqua

Scaldare l'olio e friggere la cipolla e il sale fino a doratura. Aggiungete i calamari e friggeteli finché non saranno ricoperti d'olio. Aggiungere i germogli di bambù e il sedano e friggere per 3 minuti. Aggiungere il brodo e lo zucchero, portare ad ebollizione, coprire e cuocere a fuoco lento per 3 minuti finché le verdure saranno morbide. Aggiungi salsa piccante. Mescolare l'amido di mais e l'acqua fino a formare una pasta, aggiungerla nella padella e friggere, mescolando continuamente, finché la salsa non si sarà addensata.

Gulash di manzo all'anice

Serve 4

30 ml/2 cucchiai di olio di arachidi (arachidi).
450 g / 1 libbra di carne macinata
1 spicchio d'aglio, schiacciato
45 ml/3 cucchiai di salsa di soia
15 ml/1 cucchiaio di acqua
15 ml/1 cucchiaio di vino di riso o sherry secco
5 ml/1 cucchiaino di sale
5 ml/1 cucchiaino di zucchero
2 spicchi di anice stellato

Scaldare l'olio e friggere la carne su tutti i lati fino a doratura. Aggiungete il resto degli ingredienti, portate a bollore, coprite e fate cuocere per circa 45 minuti, poi girate la carne, aggiungete un po' d'acqua e salsa di soia se la carne risultasse asciutta. Cuocere per altri 45 minuti finché la carne sarà tenera. Eliminare l'anice stellato prima di servire.

Vitello con asparagi

Serve 4

450 g di coccige di vitello tritato
30 ml/2 cucchiai di salsa di soia
30 ml/2 cucchiai di vino di riso o sherry secco
45 ml / 3 cucchiai di farina di mais (amido di mais)
45 ml/3 cucchiai di olio di arachidi (arachidi).
5 ml/1 cucchiaino di sale
1 spicchio d'aglio, schiacciato
350 g di teste di asparagi
120 ml / 4 oz / ¬Ω tazza di brodo di pollo
15 ml/1 cucchiaio di salsa di soia

Metti la bistecca in una ciotola. Mescolare salsa di soia, vino o sherry e 30 ml/2 cucchiai di amido di mais, versare sull'arrosto e mescolare bene. Lasciare marinare per 30 minuti. Scaldare l'olio d'oliva con sale e aglio e friggere fino a quando l'aglio sarà leggermente dorato. Aggiungere la carne e la marinata e friggere per 4 minuti. Aggiungete gli asparagi e fateli rosolare in padella per 2 minuti. Aggiungere il brodo e la soia, portare ad ebollizione e cuocere, mescolando continuamente, per 3 minuti fino a quando la carne sarà cotta. Mescolare l'amido di mais rimasto con un po' d'acqua o brodo e aggiungere alla salsa. Cuocere, mescolando, per qualche minuto finché la salsa non si schiarirà e si addensa.

Bistecca con germogli di bambù

Serve 4

45 ml/3 cucchiai di olio di arachidi (arachidi).
1 spicchio d'aglio, schiacciato
1 cipollotto (scalogno), tritato
1 fetta di zenzero, tritata finemente
225 g di carne di manzo magra tagliata a listarelle
100 g di germogli di bambù
45 ml/3 cucchiai di salsa di soia
15 ml/1 cucchiaio di vino di riso o sherry secco
5 ml / 1 cucchiaino di farina di mais (amido di mais)

Scaldare l'olio d'oliva e friggere l'aglio, la cipolla e lo zenzero fino a doratura. Aggiungere la carne e friggere per 4 minuti fino a doratura. Aggiungi i germogli di bambù e friggi per 3 minuti. Aggiungere la salsa di soia, il vino o lo sherry e l'amido di mais e cuocere per 4 minuti.

Bistecca con germogli di bambù e funghi

Serve 4

225 g di carne magra di manzo

45 ml/3 cucchiai di olio di arachidi (arachidi).

1 fetta di zenzero, tritata finemente

100 g di germogli di bambù, tagliati a fette

100 g di funghi tagliati a fette

45 ml/3 cucchiai di vino di riso o sherry secco

5 ml/1 cucchiaino di zucchero

10 ml/2 cucchiaini di salsa di soia

sale e pepe

120 ml / 4 oz / ¬Ω tazza di brodo di manzo

15 ml / 1 cucchiaio di farina di mais (amido di mais)

30 ml/2 cucchiai di acqua

Tagliare la carne a fettine sottili lungo la grana. Scaldate l'olio e fate soffriggere lo zenzero per qualche secondo. Aggiungere la carne e friggerla fino a doratura. Aggiungere i germogli di bambù e i funghi e friggere per 1 minuto. Aggiungere vino o sherry, zucchero e soia, condire con sale e pepe. Aggiungere il brodo, portare ad ebollizione, coprire e cuocere a fuoco lento per 3 minuti. Mescolare la farina di mais con l'acqua, versare nella padella e friggere, mescolando continuamente, finché la salsa non si sarà addensata.

Goulash di manzo alla cinese

Serve 4

45 ml/3 cucchiai di olio di arachidi (arachidi).
Bistecca 900 g
1 cipollotto (scalogno), affettato
1 spicchio d'aglio, tritato
1 fetta di zenzero, tritata finemente
60 ml/4 cucchiai di salsa di soia
30 ml/2 cucchiai di vino di riso o sherry secco
5 ml/1 cucchiaino di zucchero
5 ml/1 cucchiaino di sale
un pizzico di pepe
750 ml / 1° punto / 3 tazze di acqua bollente

Scaldare l'olio e friggere velocemente la carne su tutti i lati. Aggiungere cipolline, aglio, zenzero, soia, vino o sherry, zucchero, sale e pepe. Portare a ebollizione, mescolando continuamente. Aggiungere l'acqua bollente, portare ad ebollizione mescolando continuamente, coprire e cuocere a fuoco lento per circa 2 ore fino a quando la carne sarà morbida.

Bistecca con germogli di soia

Serve 4

450 g di carne di manzo magra tagliata a fette
1 albume d'uovo
30 ml/2 cucchiai di olio di arachidi (arachidi).
15 ml / 1 cucchiaio di farina di mais (amido di mais)
15 ml/1 cucchiaio di salsa di soia
100 g di germogli di soia
25 g di crauti tritati
1 peperoncino rosso, tritato
2 cipolline (scalogno), tritate
2 fette di zenzero, tritate
Sale
5 ml/1 cucchiaino di salsa di ostriche
5 ml/1 cucchiaino di olio di sesamo

Mescolare la carne con le proteine, metà dell'olio, l'amido di mais e la soia e mettere da parte per 30 minuti. Sbollentare i germogli di soia in acqua bollente per circa 8 minuti fino a quando saranno quasi morbidi, scolarli. Scaldare l'olio rimasto e friggere la carne fino a doratura, quindi toglierla dalla padella. Aggiungere il cavolo, il peperoncino, lo zenzero, il sale, la salsa di ostriche e l'olio di sesamo e friggere per 2 minuti. Aggiungere i germogli di soia e friggere per 2 minuti. Riporta la carne nella padella e cuoci finché non sarà ben amalgamata e riscaldata. Servire immediatamente.

Bistecca con broccoli

Serve 4

450 g di coscia di manzo, tagliata a fettine sottili
30 ml / 2 cucchiai di farina di mais (amido di mais)
15 ml/1 cucchiaio di vino di riso o sherry secco
15 ml/1 cucchiaio di salsa di soia
30 ml/2 cucchiai di olio di arachidi (arachidi).
5 ml/1 cucchiaino di sale
1 spicchio d'aglio, schiacciato
225 g di cimette di broccoli
150 ml / ¬° pt / ¬Ω tazza di brodo di manzo

Metti la bistecca in una ciotola. Mescolare 15 ml/1 cucchiaio di amido di mais con vino o sherry e salsa di soia, aggiungere la carne e marinare per 30 minuti. Scaldare l'olio d'oliva con sale e aglio e friggere fino a quando l'aglio sarà leggermente dorato. Aggiungere la carne e la marinata e cuocere per 4 minuti. Aggiungere i broccoli e cuocere per 3 minuti. Aggiungete il brodo, portate a bollore, coprite e fate cuocere per 5 minuti, finché i broccoli saranno teneri ma ancora croccanti. Mescolare l'amido di mais rimasto con un po' d'acqua e aggiungere la salsa. Cuocere a fuoco basso, mescolando, finché la salsa non si schiarisce e si addensa.

Carne di sesamo con broccoli

Serve 4

150 g di carne di manzo magra, tagliata a fettine sottili
2,5 ml/¬Ω cucchiaino di salsa di ostriche
5 ml / 1 cucchiaino di farina di mais (amido di mais)
5 ml/1 cucchiaino di aceto di vino bianco
60 ml/4 cucchiai di olio di arachidi (arachidi).

100 g di cimette di broccoli
5 ml/1 cucchiaino di salsa di pesce
2,5 ml/½ cucchiaino di salsa di soia
250 ml / 8 once / 1 tazza di brodo di manzo
30 ml/2 cucchiai di semi di sesamo

Marinare la carne in salsa di ostriche, 2,5 ml/½ cucchiaino di amido di mais, 2,5 ml/½ cucchiaino di aceto e 15 ml/1 cucchiaio di olio per 1 ora.

Nel frattempo scaldare 15 ml/1 cucchiaio di olio, aggiungere i broccoli, 2,5 ml/½ cucchiaino di salsa di pesce, salsa di soia e l'aceto rimasto e bagnare leggermente con acqua bollente. Cuocere a fuoco basso per circa 10 minuti fino a quando saranno morbidi.

Scaldare 30 ml/2 cucchiai di olio in una padella a parte e rosolare brevemente la carne fino a doratura. Aggiungete il brodo, la restante maizena e la salsa di pesce, portate a bollore, coprite e lasciate cuocere per circa 10 minuti finché la carne sarà tenera. Scolate i broccoli e metteteli sul fuoco. Disporre sopra la carne e cospargere generosamente con semi di sesamo.

Carne grigliata

Serve 4

450 g di carne di manzo magra tagliata a fette
60 ml/4 cucchiai di salsa di soia
2 spicchi d'aglio, tritati
5 ml/1 cucchiaino di sale
2,5 ml / ¬Ω cucchiaino di pepe appena macinato
10 ml/2 cucchiaini di zucchero

Mescolare tutti gli ingredienti e mettere da parte a lievitare per 3 ore. Grigliare o friggere (grigliare) su una griglia preriscaldata per circa 5 minuti su ciascun lato.

Carne cantonese

Serve 4

30 ml / 2 cucchiai di farina di mais (amido di mais)
Sbattere 2 albumi a neve ferma
450 g di manzo tagliato a listarelle
friggere nell'olio
4 gambi di sedano, tagliati a fette
2 cipolle, affettate
60 ml/4 cucchiai di acqua
20 ml/4 cucchiaini di sale
75 ml/5 cucchiai di salsa di soia
60 ml/4 cucchiai di vino di riso o sherry secco
30 ml/2 cucchiai di zucchero
pepe appena macinato

Mescolare metà dell'amido di mais con l'albume. Aggiungere la carne di manzo e mescolare finché la carne non sarà ricoperta dall'impasto. Scaldare l'olio e friggere la bistecca fino a doratura. Togliere dalla padella e scolare su carta assorbente. Scaldate 15 ml/1 cucchiaio di olio e fate soffriggere il sedano e la cipolla per

3 minuti. Aggiungere carne, acqua, sale, soia, vino o sherry e zucchero e condire con pepe. Portare a ebollizione e cuocere, mescolando continuamente, finché la salsa non si sarà addensata.

Bistecca con carote

Serve 4

30 ml/2 cucchiai di olio di arachidi (arachidi).
450 g di carne magra tagliata a cubetti
2 cipolline (scalogno), affettate
2 spicchi d'aglio, tritati
1 fetta di zenzero, tritata finemente
250 ml/8 once/1 tazza di salsa di soia
30 ml/2 cucchiai di vino di riso o sherry secco
30 ml/2 cucchiai di zucchero di canna
5 ml/1 cucchiaino di sale
600 ml / 1 punto / 2 ¬Ω tazze d'acqua
4 carote, tagliate in diagonale

Scaldare l'olio e friggere la carne fino a doratura. Eliminare l'olio in eccesso, aggiungere il cipollotto, l'aglio, lo zenzero e l'anice e soffriggere per 2 minuti. Aggiungere la salsa di soia, il vino o lo sherry, lo zucchero e il sale e mescolare bene. Versare l'acqua, portare ad ebollizione, coprire con un coperchio e cuocere per 1 ora. Aggiungete la carota, coprite e fate cuocere per altri 30 minuti. Togliere il coperchio e cuocere fino a quando la salsa si sarà ridotta.

Bistecca con anacardi

Serve 4

60 ml/4 cucchiai di olio di arachidi (arachidi).
450 g di coscia di manzo, tagliata a fettine sottili
8 scalogni (cipolle), tritati
2 spicchi d'aglio, tritati
1 fetta di zenzero, tritata finemente
75 g/3 once/tazza di anacardi tostati
120 ml / 4 oz / ¬Ω tazza d'acqua
20 ml / 4 cucchiaini di farina di mais (amido di mais)
20 ml/4 cucchiaini di salsa di soia
5 ml/1 cucchiaino di olio di sesamo
5 ml/1 cucchiaino di salsa di ostriche
5 ml/1 cucchiaino di salsa piccante

Scaldare metà dell'olio e friggere la carne fino a doratura. Togliere dalla padella. Scaldare l'olio rimanente e soffriggere lo scalogno, l'aglio, lo zenzero e gli anacardi per 1 minuto. Rimettete la carne nella padella. Mescolare il resto degli ingredienti e versare il composto nella padella. Portare a ebollizione e cuocere, mescolando continuamente, finché il composto non si addensa.

Bistecca a cottura lenta

Serve 4

30 ml/2 cucchiai di olio di arachidi (arachidi).
450 g di manzo in umido, tagliato a cubetti
3 fette di zenzero, tritate
3 carote, tagliate a fette
1 rapa, tagliata a dadini
15 ml/1 cucchiaio di datteri neri
15 ml/1 cucchiaio di semi di loto
30 ml / 2 cucchiai di passata di pomodoro (concentrata)
10 ml/2 cucchiai di sale
900 ml / 1 ¬Ω punto / 3 œ dl di brodo di manzo
250 ml / 1 bicchiere di vino di riso o sherry secco

Scaldare l'olio in una pentola capiente o in una padella e friggere la carne su tutti i lati.

Bistecca Con Cavolfiore

Serve 4

225 g di cimette di cavolfiore
friggere nell'olio
225 g di manzo tagliato a listarelle
50 g di germogli di bambù tagliati a strisce
10 castagne d'acqua, tagliate a listarelle
120 ml / 4 oz / ¬Ω tazza di brodo di pollo
15 ml/1 cucchiaio di salsa di soia
15 ml/1 cucchiaio di salsa di ostriche
15 ml / 1 cucchiaio di passata di pomodoro (concentrata)
15 ml / 1 cucchiaio di farina di mais (amido di mais)
2,5 ml/¬Ω cucchiaino di olio di sesamo

Cuocete il cavolfiore in acqua bollente per 2 minuti e scolatelo. Scaldare l'olio e friggere il cavolfiore fino a doratura. Filtrare e scolare su carta assorbente. Scaldare l'olio e friggere la carne fino a doratura, scolarla e metterla da parte. Versare tutto tranne 15 ml/1 cucchiaio di olio e friggere i germogli di bambù e le castagne d'acqua per 2 minuti. Aggiungere gli altri ingredienti, portare ad ebollizione e cuocere, mescolando continuamente, finché la salsa non si sarà addensata. Rimettere la carne e il cavolfiore nella padella e scaldare leggermente. Servire immediatamente.

Vitello con sedano

Serve 4

100 g di sedano tagliato a listarelle
45 ml/3 cucchiai di olio di arachidi (arachidi).
2 cipolline (scalogno), tritate
1 fetta di zenzero, tritata finemente
225 g di carne di manzo magra tagliata a listarelle
30 ml/2 cucchiai di salsa di soia
30 ml/2 cucchiai di vino di riso o sherry secco
2,5 ml/¬Ω cucchiaino di zucchero
2,5 ml/¬Ω cucchiaino di sale

Sbollentare il sedano in acqua bollente per 1 minuto e scolarlo bene. Scaldare l'olio d'oliva e friggere la cipolla e lo zenzero fino a doratura. Aggiungere la carne e friggere per 4 minuti. Aggiungere il sedano e friggere per 2 minuti. Aggiungere salsa di soia, vino o sherry, zucchero e sale e friggere per 3 minuti.

Fette di manzo fritte con sedano

Serve 4

30 ml/2 cucchiai di olio di arachidi (arachidi).

450 g di carne di manzo magra tagliata a scaglie

3 gambi di sedano, tritati

1 cipolla tritata

1 cipollotto (scalogno), affettato

1 fetta di zenzero, tritata finemente

30 ml/2 cucchiai di salsa di soia

15 ml/1 cucchiaio di vino di riso o sherry secco

2,5 ml/½ cucchiaino di zucchero

2,5 ml/½ cucchiaino di sale

10 ml / 2 cucchiaini di farina di mais (amido di mais)

30 ml/2 cucchiai di acqua

Scaldare metà dell'olio fino a quando sarà molto caldo e friggere la carne per 1 minuto, fino a doratura. Togliere dalla padella. Scaldare l'olio rimanente e friggere il sedano, la cipolla, il cipollotto e lo zenzero finché diventano leggermente morbidi. Riportare la carne nella padella con la salsa di soia, il vino o lo sherry, lo zucchero e il sale, portare a ebollizione e cuocere a fuoco lento finché non sarà ben cotta. Mescolare l'amido di mais con l'acqua, versare nella pentola e cuocere finché la salsa non si sarà addensata. Servire immediatamente.

Fette di bistecca con pollo e sedano

Serve 4

4 funghi cinesi secchi
45 ml/3 cucchiai di olio di arachidi (arachidi).
2 spicchi d'aglio, tritati
1 radice di zenzero, affettata
5 ml/1 cucchiaino di sale
100 g di carne magra tagliata a listarelle
100 g di carne di pollo, tagliata a listarelle
2 carote, tagliate a listarelle
2 gambi di sedano, tagliati a listarelle
4 cipolle (scalogno), tagliate a listarelle
5 ml/1 cucchiaino di zucchero
5 ml/1 cucchiaino di salsa di soia
5 ml/1 cucchiaino di vino di riso o sherry secco
45 ml/3 cucchiai di acqua
5 ml / 1 cucchiaino di farina di mais (amido di mais)

Mettere a bagno i funghi in acqua tiepida per 30 minuti, quindi scolarli. Eliminare i gambi e tritare le cappelle. Scaldare l'olio d'oliva e soffriggere l'aglio, lo zenzero e il sale fino a doratura.

Aggiungere la carne di manzo e il pollo e friggerli finché non iniziano a dorarsi. Aggiungere il sedano, i cipollotti, lo zucchero, la soia, il vino o lo sherry e l'acqua e portare a ebollizione. Coprite e lasciate cuocere per circa 15 minuti finché la carne sarà tenera. Mescolare la farina di mais con un po' d'acqua, aggiungere la salsa e cuocere a fuoco lento, mescolando continuamente, finché la salsa non si sarà addensata.

Carne di peperoncino

Serve 4

450 g di filetto di manzo tagliato a listarelle
45 ml/3 cucchiai di salsa di soia
15 ml/1 cucchiaio di vino di riso o sherry secco
15 ml/1 cucchiaio di zucchero di canna
15 ml/1 cucchiaio di radice di zenzero tritata finemente
30 ml/2 cucchiai di olio di arachidi (arachidi).
50 g di germogli di bambù tagliati a fiammiferi
1 cipolla, tagliata a strisce
1 sedano tagliato a fiammiferi

2 peperoncini rossi privati del torsolo e tagliati a listarelle
120 ml / 4 oz / ¬Ω tazza di brodo di pollo
15 ml / 1 cucchiaio di farina di mais (amido di mais)

Metti la bistecca in una ciotola. Mescolare soia, vino o sherry, zucchero e zenzero e unirli alla bistecca. Lasciare marinare per 1 ora. Togliere la bistecca dalla marinata. Scaldate metà dell'olio e fate soffriggere i germogli di bambù, la cipolla, il sedano e il peperoncino per 3 minuti, quindi toglieteli dalla padella. Scaldare l'olio rimanente e friggere la bistecca per 3 minuti. Mescolare la marinata, portare a ebollizione e aggiungere le verdure fritte. Cuocere, mescolando, per 2 minuti. Mescolare il brodo e l'amido di mais e aggiungerli nella padella. Portare a ebollizione e cuocere, mescolando continuamente, finché la salsa non diventa trasparente e si addensa.

Bistecca con cavolo cinese

Serve 4

225 g di carne magra di manzo
30 ml/2 cucchiai di olio di arachidi (arachidi).
350 g di cavolo cinese, grattugiato
120 ml / 4 oz / ¬Ω tazza di brodo di manzo
sale e pepe macinato fresco
10 ml / 2 cucchiaini di farina di mais (amido di mais)
30 ml/2 cucchiai di acqua

Tagliare la carne a fettine sottili lungo la grana. Scaldare l'olio e friggere la carne fino a doratura. Aggiungere il cavolo cinese e friggerlo fino a renderlo leggermente morbido. Versare il brodo, portare ad ebollizione e condire con sale e pepe. Coprite e lasciate cuocere per 4 minuti finché la carne sarà tenera. Mescolare la farina di mais con l'acqua, versare nella padella e friggere, mescolando continuamente, finché la salsa non si sarà addensata.

Braciola di vitello Suey

Serve 4

3 gambi di sedano, tagliati a fette
100 g di germogli di soia
100 g di cimette di broccoli
60 ml/4 cucchiai di olio di arachidi (arachidi).
3 scalogni (cipolle), tritati
2 spicchi d'aglio, tritati
1 fetta di zenzero, tritata finemente
225 g di carne di manzo magra tagliata a listarelle
45 ml/3 cucchiai di salsa di soia
15 ml/1 cucchiaio di vino di riso o sherry secco
5 ml/1 cucchiaino di sale
2,5 ml/¬Ω cucchiaino di zucchero
pepe appena macinato
15 ml / 1 cucchiaio di farina di mais (amido di mais)

Sbollentare il sedano, i germogli di soia e i broccoli in acqua bollente per 2 minuti, scolarli e asciugarli. Scaldare 45 ml/3 cucchiai di olio e soffriggere la cipolla, l'aglio e lo zenzero fino a doratura. Aggiungere la carne e friggere per 4 minuti. Togliere dalla padella. Scaldare l'olio rimanente e friggere le verdure per 3 minuti. Aggiungere la carne, la soia, il vino o lo sherry, il sale, lo zucchero e un pizzico di pepe e far rosolare per 2 minuti. Mescolate la maizena con un po' d'acqua, versatela nella pentola e lasciate cuocere a fuoco basso, mescolando continuamente, finché la salsa non diventerà chiara e si sarà addensata.

bistecca con cetriolo

Serve 4

450 g di coscia di manzo, tagliata a fettine sottili
45 ml/3 cucchiai di salsa di soia
30 ml / 2 cucchiai di farina di mais (amido di mais)
60 ml/4 cucchiai di olio di arachidi (arachidi).
2 cetrioli, sbucciati, senza torsolo e affettati
60 ml/4 cucchiai di brodo di pollo
30 ml/2 cucchiai di vino di riso o sherry secco
sale e pepe macinato fresco

Metti la bistecca in una ciotola. Mescolare la salsa di soia e l'amido di mais e unirli al manzo. Lasciare marinare per 30 minuti. Scaldate metà dell'olio e friggete i cetrioli per 3 minuti fino a quando diventano traslucidi, quindi toglieteli dalla padella. Scaldare l'olio rimanente e friggere la bistecca fino a doratura. Aggiungere i cetrioli e friggere per 2 minuti. Aggiungere il brodo, il vino o lo sherry e condire con sale e pepe. Portare a ebollizione, coprire e cuocere per 3 minuti.

mangiami carne

Serve 4

Filetto di manzo 750 g / 1 ¬Ω lb

2 cipolle

45 ml/3 cucchiai di salsa di soia

45 ml/3 cucchiai di vino di riso o sherry secco

15 ml/1 cucchiaio di burro di arachidi

5 ml/1 cucchiaino di succo di limone

350 g di massa di uova

60 ml/4 cucchiai di olio di arachidi (arachidi).

175 ml / 6 oz / ¬ć dl di brodo di pollo

15 ml / 1 cucchiaio di farina di mais (amido di mais)

30 ml/2 cucchiai di salsa di ostriche

4 scalogni (cipolle), tritati

3 gambi di sedano, tagliati a fette

100 g di funghi tagliati a fette

1 peperone verde, tagliato a strisce

100 g di germogli di soia

Sbucciare la carne ed eliminare il grasso. Tagliare il parmigiano trasversalmente a fettine sottili. Tagliare la cipolla e separare gli strati. Mescolare 15 ml/1 cucchiaio di salsa di soia con 15 ml/1 cucchiaio di vino o sherry, burro di arachidi e succo di limone. Aggiungere la carne, coprire e mettere da parte per 1 ora. Cuocete la pasta in acqua bollente per circa 5 minuti o finché non sarà morbida. Scolare bene. Scaldare 15 ml/1 cucchiaio di olio, aggiungere 15 ml/1 cucchiaio di salsa di soia e le tagliatelle e friggere per 2 minuti fino a doratura. Trasferire in un piatto da portata caldo.

Mescolare la soia rimanente e il vino o lo sherry con il brodo, l'amido di mais e la salsa di ostriche. Scaldare 15 ml/1 cucchiaio di olio e soffriggere la cipolla per 1 minuto. Aggiungere il sedano, i funghi, i peperoni e i germogli di soia e friggere per 2 minuti. Togliere dal wok. Scaldare l'olio rimanente e friggere la carne fino a doratura. Aggiungere il brodo, portare ad ebollizione, coprire e cuocere a fuoco lento per 3 minuti. Riporta le verdure nel wok e cuoci, mescolando, finché sono calde, circa 4 minuti. Versare il composto ottenuto sulla pasta e servire.

arrosto di cetriolo

Serve 4

Filetto di filetto da 450 g
10 ml / 2 cucchiaini di farina di mais (amido di mais)
10 ml/2 cucchiaini di sale
2,5 ml / ¬Ω cucchiaino di pepe appena macinato
90 ml / 6 cucchiai di olio di arachidi (noci).
1 cipolla, tritata finemente
1 cetriolo, sbucciato e tritato
120 ml / 4 oz / ¬Ω tazza di brodo di manzo

Tagliate la bistecca a listarelle, quindi affettatela sottilmente lungo la grana. Mettetela in una ciotola, aggiungete la maizena, il sale, il pepe e metà dell'olio. Lasciare marinare per 30 minuti. Scaldare l'olio rimanente e friggere la carne e la cipolla fino a doratura. Aggiungere il cetriolo e il brodo, portare a ebollizione, coprire e cuocere a fuoco lento per 5 minuti.

Curry di manzo arrosto

Serve 4

45 ml/3 cucchiai di burro
15 ml/1 cucchiaio di curry
45 ml/3 cucchiai di farina (sì).
375 ml / 13 oz / 1 ohm bicchiere di latte
15 ml/1 cucchiaio di salsa di soia
sale e pepe macinato fresco
450 g di carne macinata cotta
100 g di piselli
2 carote, tritate
2 cipolle, tritate
225 g di riso a grani lunghi cotto, caldo
1 uovo sodo (bollito), tagliato a fette

Sciogliere il burro, aggiungere il curry e la farina, friggere per 1 minuto. Aggiungere il latte e la soia, portare ad ebollizione e cuocere per 2 minuti, mescolando continuamente. Condire con sale e pepe. Aggiungere la carne di manzo, i piselli, le carote e la cipolla e mescolare bene per ricoprire con la salsa. Aggiungere il riso, quindi trasferire il composto su una teglia e cuocere in forno preriscaldato a 200 ∞ C / 400 ∞ F / gas mark 6 per 20 minuti fino a quando le verdure saranno tenere. Servite le fette di uova sode decorate.

cozze in salamoia

Serve 4

Abalone in scatola del peso di 450 g / 1 libbra

45 ml/3 cucchiai di salsa di soia

30 ml/2 cucchiai di aceto

5 ml/1 cucchiaino di zucchero

qualche goccia di olio di sesamo

Scolate le cozze e tagliatele a fettine sottili o a listarelle. Amalgamate il resto degli ingredienti, versateli sulle cozze e mescolate bene. Coprire e conservare in frigorifero per 1 ora.

Germogli di bambù cotti al vapore

Serve 4

60 ml/4 cucchiai di olio di arachidi (arachidi).
225 g di germogli di bambù tagliati a strisce
60 ml/4 cucchiai di brodo di pollo
15 ml/1 cucchiaio di salsa di soia
5 ml/1 cucchiaino di zucchero
5 ml/1 cucchiaino di vino di riso o sherry secco

Scaldare l'olio e friggere i germogli di bambù per 3 minuti. Mescolare il brodo, la salsa di soia, lo zucchero e il vino o lo sherry e aggiungere nella padella. Coprire e cuocere a fuoco basso per 20 minuti. Conservare in frigorifero e conservare in frigorifero prima di servire.

Marinata di pollo

Serve 4

1 cetriolo, sbucciato e senza torsolo
225 g di pollo cotto, tagliato a pezzetti
5 ml/1 cucchiaino di senape in polvere
2,5 ml/¬Ω cucchiaino di sale
30 ml/2 cucchiai di aceto

Tagliare il cetriolo a listarelle e disporlo su un piatto. Metti il pollo sopra. Mescolare senape, sale e aceto e versare sul pollo appena prima di servire.

Pollo al sesamo

Serve 4

350 g di pollo cotto

120 ml / 4 oz / ½ tazza d'acqua

5 ml/1 cucchiaino di senape in polvere

15 ml/1 cucchiaio di sesamo

2,5 ml/½ cucchiaino di sale

un pizzico di zucchero

45 ml/3 cucchiai di coriandolo fresco tritato

5 cipolline (scalogno), tritate

½ cespo di lattuga, tritato

Tagliare il pollo a strisce sottili. Mescolare abbastanza acqua con senape per ottenere una pasta liscia e aggiungere il pollo. Tostare i semi di sesamo in una padella asciutta fino a doratura, quindi aggiungerli al pollo e cospargere di sale e zucchero. Aggiungete metà del prezzemolo e dell'erba cipollina e mescolate bene. Disporre l'insalata su un piatto, ricoprirla con il composto di pollo e guarnire con il prezzemolo rimasto.

Litchi allo zenzero

Serve 4

1 cocomero grande, tagliato a metà e svuotato
450 g di litchi in scatola, sgocciolati
5 cm / 2 gambi di zenzero, a fette
alcune foglie di menta

Riempire le metà dell'anguria con litchi e zenzero, decorare con foglie di menta. Raffreddare prima di servire.

Ali di pollo cotte rosse

Serve 4

8 ali di pollo

2 cipolline (scalogno), tritate

75 ml/5 cucchiai di salsa di soia

120 ml / 4 oz / ¬Ω tazza d'acqua

30 ml/2 cucchiai di zucchero di canna

Tagliare ed eliminare le estremità con l'osso delle ali di pollo e tagliarle a metà. Aggiungetela alla pentola con gli altri ingredienti, portate ad ebollizione, coprite e fate cuocere a fuoco basso per 30 minuti. Togliete il coperchio e continuate a cuocere per altri 15 minuti, spennellando spesso. Conservare in frigorifero e conservare in frigorifero prima di servire.

Polpa di granchio con cetriolo

Serve 4

100 g di scaglie di polpa di granchio
2 cetrioli, sbucciati e affettati
1 fetta di zenzero, tritata finemente
15 ml/1 cucchiaio di salsa di soia
30 ml/2 cucchiai di aceto
5 ml/1 cucchiaino di zucchero
qualche goccia di olio di sesamo

Metti la polpa di granchio e il cetriolo in una ciotola. Mescolare il resto degli ingredienti, versarvi sopra il composto di polpa di granchio e mescolare bene. Coprire e lasciare raffreddare per 30 minuti prima di servire.

funghi in salamoia

Serve 4

225 g di funghi
30 ml/2 cucchiai di salsa di soia
15 ml/1 cucchiaio di vino di riso o sherry secco
pizzico di sale
qualche goccia di Tabasco
qualche goccia di olio di sesamo

Cuocere i funghi in acqua bollente per 2 minuti, scolarli e asciugarli. Mettetela in una ciotola e versatevi sopra i restanti ingredienti. Mescolare bene e far raffreddare prima di servire.

Funghi all'aglio marinati

Serve 4

225 g di funghi
3 spicchi d'aglio, tritati
30 ml/2 cucchiai di salsa di soia
30 ml/2 cucchiai di vino di riso o sherry secco
15 ml/1 cucchiaio di olio di sesamo
pizzico di sale

Mettere i funghi e l'aglio in uno scolapasta, versarvi sopra dell'acqua bollente e mettere da parte per 3 minuti. Pulisci e asciuga bene. Mescolare il resto degli ingredienti, versare la marinata sui funghi e lasciar marinare per 1 ora.

Gamberetti e cavolfiore

Serve 4

225 g di cimette di cavolfiore
100 g di gamberi sgusciati
15 ml/1 cucchiaio di salsa di soia
5 ml/1 cucchiaino di olio di sesamo

Cuocete a parte il cavolfiore per circa 5 minuti finché sarà tenero ma ancora croccante. Mescolare con i gamberi, irrorare con salsa di soia e olio di sesamo e mescolare. Raffreddare prima di servire.

Bastoncini di prosciutto con semi di sesamo

Serve 4

225 g di prosciutto tagliato a listarelle
10 ml/2 cucchiaini di salsa di soia
2,5 ml/¬Ω cucchiaino di olio di sesamo

Distribuire il prosciutto in un piatto da portata. Mescolare la salsa di soia e l'olio di sesamo, cospargere il prosciutto e servire.

tofu freddo

Serve 4

450 g di tofu, tagliato a fette
45 ml/3 cucchiai di salsa di soia
45 ml/3 cucchiai di olio di arachidi (arachidi).
pepe appena macinato

Mettete qualche fetta di tofu in uno scolapasta e immergetela in acqua bollente per 40 secondi, scolatela e mettetela su un piatto. Lo lasciamo raffreddare. Mescolare la salsa di soia con l'olio, cospargere il tofu e servire spolverato di pepe.

Pollo con pancetta

Serve 4

225 g di pollo tagliato a fette molto sottili
75 ml/5 cucchiai di salsa di soia
15 ml/1 cucchiaio di vino di riso o sherry secco
1 spicchio d'aglio, schiacciato
15 ml/1 cucchiaio di zucchero di canna
5 ml/1 cucchiaino di sale
5 ml/1 cucchiaino di zenzero macinato
225 g di pancetta magra tagliata a cubetti
100 g di castagne d'acqua, tagliate a fettine molto sottili
30 ml/2 cucchiai di miele

Metti il pollo in una ciotola. Mescolare 45 ml/3 cucchiai di salsa di soia con vino o sherry, aglio, zucchero, sale e zenzero, versare sopra il pollo e lasciare marinare per circa 3 ore. Disporre il pollo, la pancetta e le castagne sui bastoncini di kebab. Mescolate il resto della soia con il miele e spalmatelo sul bastoncino. Cuocere (grigliare) su una griglia preriscaldata per circa 10 minuti fino a cottura, girando spesso e cospargendo con altri ingredienti durante la cottura.

Patatine fritte con pollo e banane

Serve 4

2 petti di pollo cotti

2 banane dure

6 fette di pane

4 uova

120 ml / 4 oz / ¬Ω tazza di latte

50 g / 2 oz / ¬Ω tazza di farina per tutti gli usi.

225 g / 8 oz / 4 tazze di pangrattato fresco

friggere nell'olio

Tagliare il pollo in 24 pezzi. Sbucciare le banane e tagliarle in quarti nel senso della lunghezza. Tagliare ogni quarto in terzi per ottenere 24 pezzi. Eliminate la crosta dal pane e tagliatelo in quarti. Sbattere le uova con il latte e spalmarle su un lato del pane. Metti un pezzo di pollo e un pezzo di banana sul lato spennellato con l'uovo di ogni pane. Spolverate leggermente i quadratini con la farina, poi passateli nell'uovo e spolverizzateli con il pangrattato. Passare nuovamente l'uovo e il pangrattato. Scaldare l'olio e friggere qualche quadrato fino a doratura. Scolare su carta assorbente prima di servire.

Pollo allo zenzero e funghi

Serve 4

225 g di filetti di petto di pollo

5 ml/1 cucchiaino di polvere ai cinque gusti

15 ml / 1 cucchiaio di farina (per tutti gli usi).

120 ml / 4 oz / ¬Ω tazza di olio di arachidi (arachidi).

4 scalogni, tagliati a metà

1 spicchio d'aglio, tagliato a fette

1 fetta di zenzero, tritata finemente

25 g / 1 oz / ¬¼ tazza di anacardi

5 ml/1 cucchiaino di miele

15 ml/1 cucchiaio di farina di riso

75 ml/5 cucchiai di vino di riso o sherry secco

100 g di funghi tagliati in quarti

2,5 ml/¬Ω cucchiaino di curcuma

6 peperoncini gialli, tagliati a metà

5 ml/1 cucchiaino di salsa di soia

¬¬ succo di limone

sale e pepe

4 foglie di lattuga croccanti

Tagliare in diagonale il petto di pollo insieme al parmigiano a striscioline sottili. Cospargere con polvere ai cinque gusti e spolverare leggermente con farina. Scaldare 15 ml/1 cucchiaio di olio e friggere il pollo fino a doratura. Togliere dalla padella. Scaldate un po' d'olio e fate soffriggere lo scalogno, l'aglio, lo zenzero e gli anacardi per 1 minuto. Aggiungere il miele e mescolare fino a quando le verdure saranno ricoperte. Cospargere di farina e aggiungere vino o sherry. Aggiungere i funghi, la curcuma e il peperoncino e friggere per 1 minuto. Aggiungere il pollo, la salsa di soia, metà del succo di limone, sale e pepe e scaldare. Togliere dalla padella e tenere in caldo. Scaldare un filo d'olio d'oliva, aggiungere le foglie di lattuga e friggerle velocemente, condire con sale, pepe e il restante succo di lime.

pollo e prosciutto

Serve 4

225 g di pollo tagliato a fette molto sottili
75 ml/5 cucchiai di salsa di soia
15 ml/1 cucchiaio di vino di riso o sherry secco
15 ml/1 cucchiaio di zucchero di canna
5 ml/1 cucchiaino di zenzero macinato
1 spicchio d'aglio, schiacciato
225 g di prosciutto cotto tagliato a cubetti
30 ml/2 cucchiai di miele

Mettete il pollo in una ciotola con 45 ml/3 cucchiai di salsa di soia, vino o sherry, zucchero, zenzero e aglio. Lasciare marinare per 3 ore. Metti il pollo e il prosciutto sullo stecco da kebab. Mescolate il resto della soia con il miele e spalmatelo sul bastoncino. Grigliare (grigliare) sotto il grill preriscaldato per circa 10 minuti, girando spesso e spennellando con la glassa durante la cottura.

Fegato di pollo alla griglia

Serve 4

450 g di fegato di pollo
45 ml/3 cucchiai di salsa di soia
15 ml/1 cucchiaio di vino di riso o sherry secco
15 ml/1 cucchiaio di zucchero di canna
5 ml/1 cucchiaino di sale
5 ml/1 cucchiaino di zenzero macinato
1 spicchio d'aglio, schiacciato

Sbollentare i fegatini di pollo in acqua bollente per 2 minuti e scolarli bene. Mettetela in una ciotola con tutti gli altri ingredienti tranne l'olio e la marinata per circa 3 ore. Infilare i fegatini di pollo negli spiedini e grigliarli su una griglia preriscaldata per circa 8 minuti fino a doratura.

Polpette di granchio con castagne d'acqua

Serve 4

450 g di polpa di granchio, tritata

100 g di castagne d'acqua tritate

1 spicchio d'aglio, schiacciato

Zenzero a fette 1 cm/¬Ω, macinato

45 ml / 3 cucchiai di farina di mais (amido di mais)

30 ml/2 cucchiai di salsa di soia

15 ml/1 cucchiaio di vino di riso o sherry secco

5 ml/1 cucchiaino di sale

5 ml/1 cucchiaino di zucchero

3 uova sbattute

friggere nell'olio

Mescolare tutti gli ingredienti tranne l'olio e formare delle palline. Scaldare l'olio e friggere le polpette di granchio fino a doratura. Scolare bene prima di servire.

Somma modesta

Serve 4

100 g di gamberi sgusciati, tritati
225 g di carne di maiale magra, tritata finemente
50 g di cavolo cinese, tritato finemente
3 scalogni (cipolle), tritati
1 uovo sbattuto
30 ml / 2 cucchiai di farina di mais (amido di mais)
10 ml/2 cucchiaini di salsa di soia
5 ml/1 cucchiaino di olio di sesamo
5 ml/1 cucchiaino di salsa di ostriche
24 pelli di wonton
friggere nell'olio

Mescolare gamberi, maiale, cavoli e cipolline. Mescolare uova, amido di mais, salsa di soia, olio di sesamo e salsa di ostriche. Versare il composto al centro di ogni pelle di wonton. Avvolgere con cura gli involtini attorno al ripieno, ripiegando i bordi ma lasciando aperta la parte superiore. Scaldare l'olio e friggere i disum poco alla volta fino a doratura. Scolare bene e servire tiepido.

Involtini con prosciutto e pollo

Serve 4

2 petti di pollo

1 spicchio d'aglio, schiacciato

2,5 ml/¬Ω cucchiaino di sale

2,5 ml/¬Ω cucchiaino di cinque spezie in polvere

4 fette di prosciutto cotto

1 uovo sbattuto

30 ml/2 cucchiai di latte

25 g/1 oz/¬ tazza di farina (circa).

4 gusci d'uovo

friggere nell'olio

Tagliare il petto di pollo a metà. Batteteli molto sottili. Mescolare aglio, sale e cinque spezie in polvere e cospargerli sul pollo. Disporre su ogni pezzo di pollo una fetta di prosciutto e arrotolarlo bene. Mescolare uova e latte. Cospargete leggermente i pezzi di pollo con la farina, quindi immergeteli nel composto di uova. Disporre ogni pezzo con la pelle su un mattarello e spennellare i bordi con l'uovo sbattuto. Piegare i lati, quindi arrotolare e pizzicare i bordi per sigillare. Scaldare l'olio e friggere i panini per circa 5 minuti fino a doratura.

dorato e cotto. Scolatele su carta da cucina, poi tagliatele a fette spesse diagonalmente e servite.

Prosciutto cotto

Serve 4

350 g / 12 once / 3 tazze di farina (per tutti gli usi).
175 g / 6 once / ½ tazza di burro
120 ml / 4 oz / ¬Ω tazza d'acqua
225 g di prosciutto affettato
100 g di germogli di bambù tritati
2 cipolline (scalogno), tritate
15 ml/1 cucchiaio di salsa di soia
30 ml/2 cucchiai di semi di sesamo

Versare la farina in una ciotola e aggiungere il burro. Mescolare con acqua per formare una pasta. Stendere la pasta e ritagliare dei cerchi del diametro di 5 cm/2 cm. Mescolare tutti gli ingredienti rimanenti tranne i semi di sesamo e mescolare ogni volta con un cucchiaio. Spennellare i bordi della pasta sfoglia con acqua e sigillare. Spennellare la parte esterna con acqua e cospargere con semi di sesamo. Cuocere in forno preriscaldato a 180-∞C/350-∞F/gas livello 4 per 30 minuti.

pesce pseudo affumicato

Serve 4

1 branzino

3 fette di zenzero, tagliate a fette

1 spicchio d'aglio, schiacciato

1 cipollotto (scalogno), spesso affettato

75 ml/5 cucchiai di salsa di soia

30 ml/2 cucchiai di vino di riso o sherry secco

2,5 ml/¬Ω cucchiaino di anice macinato

2,5 ml/¬Ω cucchiaino di olio di sesamo

10 ml/2 cucchiaini di zucchero

120 ml / 4 oz / ¬Ω tazza di brodo

friggere nell'olio

5 ml / 1 cucchiaino di farina di mais (amido di mais)

Sbucciare il pesce e tagliarlo a fette spesse 5 mm (~° pollici) lungo la venatura. Mescolare zenzero, aglio, cipollotto, 60 ml/4 cucchiai di salsa di soia, sherry, anice e olio di sesamo. Versare sul pesce e lasciare insaporire delicatamente. Lasciare riposare per 2 ore, mescolando di tanto in tanto.

Versare la marinata in una pentola e adagiare il pesce su carta assorbente. Aggiungere lo zucchero, il brodo e il resto della salsa di soia.

marinare, portare a ebollizione e cuocere per 1 minuto. Se la salsa dovesse addensarsi, mescolare l'amido di mais con un po' di acqua fredda, aggiungere la salsa e cuocere a fuoco lento, mescolando continuamente, finché la salsa non si sarà addensata.

Nel frattempo scaldare l'olio e friggere il pesce fino a doratura. Scolare bene. Immergere i pezzi di pesce nella marinata e disporli su un piatto caldo. Servire caldo o freddo.

funghi stufati

Serve 4

12 capsule grandi di funghi secchi
225 g di polpa di granchio
3 castagne d'acqua, tritate
2 cipolline (scalogno), tritate finemente
1 albume d'uovo
15 ml / 1 cucchiaio di farina di mais (amido di mais)
15 ml/1 cucchiaio di salsa di soia
15 ml/1 cucchiaio di vino di riso o sherry secco

Immergere la spugna in acqua tiepida per una notte. Asciugare. Mescolare gli ingredienti rimanenti e riempire con essi le calotte dei funghi. Disporre su una griglia e cuocere a vapore per 40 minuti. Servire caldo.

Funghi in salsa di ostriche

Serve 4

10 funghi cinesi secchi
250 ml / 8 once / 1 tazza di brodo di manzo
15 ml / 1 cucchiaio di farina di mais (amido di mais)
30 ml/2 cucchiai di salsa di ostriche
5 ml/1 cucchiaino di vino di riso o sherry secco

Immergere i funghi in acqua tiepida per 30 minuti, quindi scolarli e mettere da parte 250 ml / 8 once / 1 tazza del liquido di ammollo. Scartare i gambi. Mescolare 60 ml/4 cucchiai di brodo di manzo con l'amido di mais fino ad ottenere una pasta. Portare a ebollizione il restante brodo di carne con i funghi e il liquido dei funghi, coprire e cuocere a fuoco lento per 20 minuti. Togliere i funghi dal liquido con una schiumarola e metterli su un piatto caldo. Aggiungere la salsa di ostriche e lo sherry nella padella e cuocere, mescolando, per 2 minuti. Aggiungere la pasta di mais e cuocere a fuoco basso, mescolando finché la salsa non si sarà addensata. Versare sui funghi e servire subito.

Involtini di maiale e insalata

Serve 4

4 funghi cinesi secchi
15 ml/1 cucchiaio di olio di arachidi (noci).
225 g di carne di maiale magra, macinata
100 g di germogli di bambù tritati
100 g di castagne d'acqua tritate
4 scalogni (cipolle), tritati
175 g di scaglie di polpa di granchio
30 ml/2 cucchiai di vino di riso o sherry secco
15 ml/1 cucchiaio di salsa di soia
10 ml/2 cucchiaini di salsa di ostriche
10 ml/2 cucchiaini di olio di sesamo
9 foglie cinesi

Mettere a bagno i funghi in acqua tiepida per 30 minuti, quindi scolarli. Eliminare i gambi e tritare le cappelle. Scaldare l'olio e friggere la carne di maiale per 5 minuti. Aggiungere i funghi, i germogli di bambù, le castagne d'acqua, la cipolla e la polpa di granchio e friggere per 2 minuti. Unisci il vino o lo sherry, la salsa di soia, la salsa di ostriche e l'olio di sesamo e mescola nella padella. Togliere dal fuoco. Nel frattempo sbollentare le foglie di china in acqua bollente per 1 minuto.

pubblicazione. Disporre al centro di ogni sfoglia un cucchiaio di composto di carne di maiale, ripiegare i lati e arrotolare prima di servire.

Polpette di maiale e castagne

Serve 4

450 g di carne di maiale macinata (macinata).
50 g di funghi, tritati finemente
50 g di castagne d'acqua, tritate finemente
1 spicchio d'aglio, schiacciato
1 uovo sbattuto
30 ml/2 cucchiai di salsa di soia
15 ml/1 cucchiaio di vino di riso o sherry secco
5 ml/1 cucchiaino di zenzero macinato
5 ml/1 cucchiaino di zucchero
Sale
30 ml / 2 cucchiai di farina di mais (amido di mais)
friggere nell'olio

Mescolare tutti gli ingredienti tranne l'amido di mais e formare delle palline. Stendere l'amido di mais. Scaldate l'olio e friggete le polpette per circa 10 minuti fino a doratura. Scolare bene prima di servire.

carne di maiale, gnocchi e crauti

Server4.6

450 g / 1 libbra di farina (per tutti gli usi).

500 ml / 17 once / 2 tazze di acqua

450 g di carne di maiale cotta, macinata

225 g di gamberetti sgusciati, tritati

4 gambi di sedano, tritati

15 ml/1 cucchiaio di salsa di soia

15 ml/1 cucchiaio di vino di riso o sherry secco

15 ml/1 cucchiaio di olio di sesamo

5 ml/1 cucchiaino di sale

2 cipolline (scalogno), tritate finemente

2 spicchi d'aglio, tritati

1 fetta di zenzero, tritata finemente

Impastare la farina e l'acqua fino ad ottenere un impasto morbido e ben impastato. Coprire e mettere da parte per 10 minuti. Stendere la pasta il più sottile possibile e tagliarla in dischi di 5 cm di diametro. Mescolare insieme tutti gli ingredienti rimanenti. Mettete in ogni cerchio un cucchiaio del composto, inumidite i bordi e chiudete il semicerchio. In una pentola fate bollire l'acqua e aggiungete con attenzione gli gnocchi.

Panini di maiale e manzo

Serve 4

100 g di carne di maiale macinata (macinata).
100 g di carne macinata (tritata).
1 fetta di pancetta sbriciolata, affettata (tritata)
15 ml/1 cucchiaio di salsa di soia
sale e pepe
1 uovo sbattuto
30 ml / 2 cucchiai di farina di mais (amido di mais)
friggere nell'olio

Mescolare la carne macinata con la pancetta, aggiustare di sale e pepe. Mescolare con le uova, formare delle palline grandi quanto una noce e spolverarle con la maizena. Scaldare l'olio e friggere fino a doratura. Scolare bene prima di servire.

gamberetti farfalla

Serve 4

450 g di gamberi grandi sgusciati
15 ml/1 cucchiaio di salsa di soia
5 ml/1 cucchiaino di vino di riso o sherry secco
5 ml/1 cucchiaino di zenzero macinato
2,5 ml/¬Ω cucchiaino di sale
2 uova sbattute
30 ml / 2 cucchiai di farina di mais (amido di mais)
15 ml / 1 cucchiaio di farina (per tutti gli usi).
friggere nell'olio

Tagliate i gamberi al centro della coscia e disponeteli a forma di farfalla. Mescolare salsa di soia, vino o sherry, zenzero e sale. Versare sopra i gamberetti e marinare per 30 minuti. Togliere dalla marinata e asciugare. Sbattere le uova con l'amido di mais e la farina fino a renderle morbide e immergervi i gamberetti. Scaldare l'olio e friggere i gamberi fino a doratura. Scolare bene prima di servire.

Gamberetti cinesi

Serve 4

450 g di gamberi sgusciati
30 ml/2 cucchiai di salsa Worcestershire
15 ml/1 cucchiaio di salsa di soia
15 ml/1 cucchiaio di vino di riso o sherry secco
15 ml/1 cucchiaio di zucchero di canna

Metti i gamberi in una ciotola. Mescolare gli ingredienti rimanenti, versare sopra i gamberi e lasciare marinare per 30 minuti. Disporre su una teglia e cuocere in forno preriscaldato a 150-∞C / 300-∞F/gas livello 2 per 25 minuti. Servire caldo o freddo con conchiglie da far grattare agli ospiti.

nuvola di drago

Serve 4

100 g di cracker di gamberi
friggere nell'olio

Scaldare l'olio fino a quando sarà molto caldo. Aggiungete una manciata di cracker di gamberi e friggeteli per qualche secondo finché non si gonfieranno. Mentre friggete i biscotti, scolateli dall'olio e metteteli su carta assorbente.

gamberetti croccanti

Serve 4

450 g di gamberoni tigre sgusciati
15 ml/1 cucchiaio di vino di riso o sherry secco
10 ml/2 cucchiaini di salsa di soia
5 ml/1 cucchiaino di polvere ai cinque gusti
sale e pepe
90 ml / 6 cucchiai di farina di mais (amido di mais)
2 uova sbattute
100 g di pangrattato
olio di arachidi per friggere

Mescolare i gamberi con vino o sherry, salsa di soia e polvere di cinque spezie, condire con sale e pepe. Setacciateli nella farina di mais, poi passateli nell'uovo sbattuto e nel pangrattato. Friggeteli in olio bollente per qualche minuto fino a doratura, scolateli e serviteli subito.

Gamberetti con salsa allo zenzero

Serve 4

15 ml/1 cucchiaio di salsa di soia
5 ml/1 cucchiaino di vino di riso o sherry secco
5 ml/1 cucchiaino di olio di sesamo
450 g di gamberi sgusciati
30 ml/2 cucchiai di prezzemolo fresco tritato
15 ml/1 cucchiaio di aceto
5 ml/1 cucchiaino di zenzero macinato

Mescolare salsa di soia, vino o sherry e olio di sesamo. Versare sopra i gamberi, coprire e lasciare marinare per 30 minuti. Grigliare i gamberi per qualche minuto fino a cottura e versarvi sopra la marinata. Nel frattempo, mescolare prezzemolo, aceto e zenzero e servire con i gamberetti.

Involtini con gamberi e pasta

Serve 4

50 g di pasta all'uovo, tagliata a pezzi
15 ml/1 cucchiaio di olio di arachidi (noci).
50 g di carne di maiale magra, tritata finemente
100 g di funghi tritati
3 scalogni (cipolle), tritati
100 g di gamberi sgusciati, tritati
15 ml/1 cucchiaio di vino di riso o sherry secco
sale e pepe
24 pelli di wonton
1 uovo sbattuto
friggere nell'olio

Cuocete la pasta in acqua bollente per 5 minuti, scolatela e tagliatela. Scaldare l'olio e friggere la carne di maiale per 4 minuti. Aggiungere i funghi e la cipolla, soffriggere per 2 minuti, quindi togliere dal fuoco. Aggiungere i gamberi, il vino o lo sherry e la pasta, condire con sale e pepe. Versare il composto al centro di ciascun guscio di wonton e spennellare i bordi con l'uovo sbattuto. Ripiegare i bordi, quindi arrotolare la sfoglia e sigillare i bordi. Scaldate l'olio e friggete i panini pochi alla volta per circa 5 minuti, fino a doratura. Scolare su carta assorbente prima di servire.

toast ai gamberetti

Serve 4

2 uova 450 g di gamberi sgusciati, tritati
15 ml / 1 cucchiaio di farina di mais (amido di mais)
1 cipolla, tritata finemente
30 ml/2 cucchiai di salsa di soia
15 ml/1 cucchiaio di vino di riso o sherry secco
5 ml/1 cucchiaino di sale
5 ml/1 cucchiaino di zenzero macinato
8 fette di pane tagliate a triangoli
friggere nell'olio

Mescolare 1 uovo con tutti gli ingredienti rimanenti tranne il pane e l'olio. Versare il composto sui triangoli di pane e formare una cupola. Spennellare con l'uovo rimasto. Scaldare circa 5 cm di olio e friggere i triangoli di pane fino a doratura. Scolare bene prima di servire.

Wonton di maiale e gamberi con salsa agrodolce

Serve 4

120 ml / 4 oz / ½ tazza d'acqua
60 ml/4 cucchiai di aceto
60 ml/4 cucchiai di zucchero di canna
30 ml / 2 cucchiai di passata di pomodoro (concentrata)
10 ml / 2 cucchiaini di farina di mais (amido di mais)
25 g di funghi tritati
25 g di gamberi sgusciati, tritati
50 g di carne di maiale magra, macinata
2 cipolline (scalogno), tritate
5 ml/1 cucchiaino di salsa di soia
2,5 ml/½ cucchiaino di radice di zenzero grattugiata
1 spicchio d'aglio, schiacciato
24 pelli di wonton
friggere nell'olio

Mescolare in una pentola acqua, aceto, zucchero, concentrato di pomodoro e amido di mais. Portare a ebollizione, mescolando continuamente, quindi cuocere per 1 minuto. Togliere dal fuoco e tenere al caldo.

Unisci funghi, gamberetti, carne di maiale, cipolline, salsa di soia, zenzero e aglio. Versare il ripieno in ciascun guscio, spennellare i bordi con acqua e premere per chiudere. Scaldare l'olio e friggere diversi wonton fino a doratura. Scolatele su carta assorbente e servitele calde con salsa agrodolce.

Brodo di pollo

Resa 2 quarti/3½ punti/8½ tazze

1,5 kg di cosce di pollo cotte o crude

450 g di coscia di maiale

1 cm/½ radice di zenzero a pezzetti

3 cipolline (scalogno), affettate

1 spicchio d'aglio, schiacciato

5 ml/1 cucchiaino di sale

2,25 litri / 4pt / 10 bicchieri d'acqua

Far bollire tutti gli ingredienti, coprire e cuocere per 15 minuti. Rimuovere il grasso. Coprite e fate cuocere a fuoco basso per 1 ora e mezza. Filtrare, raffreddare e filtrare. Congelare in piccole porzioni o conservare in frigorifero e consumare entro 2 giorni.

Zuppa di germogli di maiale e fagioli

Serve 4

450 g di carne di maiale macinata
1,5 l / 2½ punti / 6 dl di brodo di pollo
5 fette di radice di zenzero
350 g di germogli di soia
15 ml/1 cucchiaio di sale

Cuocere la carne di maiale in acqua bollente per 10 minuti, quindi scolarla. Far bollire il brodo, aggiungere la carne di maiale e lo zenzero. Coprite e fate cuocere a fuoco basso per 50 minuti. Aggiungere i germogli di soia e il sale e cuocere per 20 minuti.

Zuppa di abalone e funghi

Serve 4

60 ml/4 cucchiai di olio di arachidi (arachidi).
100 g di carne di maiale magra, tagliata a listarelle
225 g di cozze in scatola tagliate a listarelle
100 g di funghi tagliati a fette
2 gambi di sedano, tagliati a fette
50 g di prosciutto, tagliato a listarelle
2 cipolle, affettate
1,5 l / 2½ punti / 6 bicchieri d'acqua
30 ml/2 cucchiai di aceto
45 ml/3 cucchiai di salsa di soia
2 fette di zenzero, tritate
sale e pepe macinato fresco
15 ml / 1 cucchiaio di farina di mais (amido di mais)
45 ml/3 cucchiai di acqua

Scaldare l'olio e friggere per 8 minuti la carne di maiale, le cozze, i funghi, il sedano, il prosciutto e la cipolla. Aggiungere acqua e aceto, portare ad ebollizione, coprire e cuocere per 20 minuti. Aggiungere salsa di soia, zenzero, sale e pepe. Mescolare l'amido di mais fino ad ottenere una pasta acqua, versare nella zuppa e cuocere, mescolando continuamente, per 5 minuti, finché la zuppa non diventa chiara e si addensa.

Zuppa di pollo e asparagi

Serve 4

100 g di pollo, tritato

2 albumi

2,5 ml/½ cucchiaino di sale

30 ml / 2 cucchiai di farina di mais (amido di mais)

225 g di asparagi, tagliati a pezzi di 5 cm

100 g di germogli di soia

1,5 l / 2½ punti / 6 dl di brodo di pollo

100 g di funghi

Mescolare il pollo con gli albumi, il sale e la farina di mais e mettere da parte per 30 minuti. Cuocere il pollo in acqua bollente per circa 10 minuti fino a cottura e scolarlo bene. Scottare gli asparagi in acqua bollente per 2 minuti e scolarli. Sbollentare i germogli di soia in acqua bollente per 3 minuti e scolarli. Versare il brodo in una pentola capiente, aggiungere il pollo, gli asparagi, i funghi e i germogli di soia. Portare a ebollizione e condire con sale. Cuocere per qualche minuto per permettere ai sapori di svilupparsi e alle verdure di diventare morbide ma ancora croccanti.

Brodo di pollo

Serve 4

225 g di carne macinata (macinata).
15 ml/1 cucchiaio di salsa di soia
15 ml/1 cucchiaio di vino di riso o sherry secco
15 ml / 1 cucchiaio di farina di mais (amido di mais)
1,2 l / 2 pz / 5 dl di brodo di pollo
5 ml/1 cucchiaino di salsa di peperoncino
sale e pepe
2 uova sbattute
6 cipolle (cipolle), tritate

Mescolare la carne con salsa di soia, vino o sherry e amido di mais. Aggiungere il brodo e portare ad ebollizione lentamente, mescolando continuamente. Aggiungete la salsa piccante di fagioli, aggiustate di sale e pepe, coprite e lasciate cuocere per circa 10 minuti, mescolando di tanto in tanto. Aggiungere le uova e servire cosparse di cipolline.

Zuppa cinese con manzo e foglie

Serve 4

200 g di carne di manzo magra tagliata a listarelle
15 ml/1 cucchiaio di salsa di soia
15 ml/1 cucchiaio di olio di arachidi (noci).
1,5 l / 2½ punti / 6 dl di brodo di manzo
5 ml/1 cucchiaino di sale
2,5 ml/½ cucchiaino di zucchero
½ testa di foglie cinesi tagliate a pezzi

Mescolare la carne con salsa di soia e olio e lasciare marinare per 30 minuti, mescolando di tanto in tanto. Far bollire il brodo con sale e zucchero, aggiungere le foglie di porcellana e cuocere a fuoco lento per circa 10 minuti fino a quasi cottura. Aggiungere la carne e cuocere a fuoco lento per altri 5 minuti.

Zuppa di cavoli

Serve 4

60 ml/4 cucchiai di olio di arachidi (arachidi).

2 cipolle, tritate

100 g di carne di maiale magra, tagliata a listarelle

225 g di cavolo cinese, tritato

10 ml/2 cucchiaini di zucchero

1,2 l / 2 pz / 5 dl di brodo di pollo

45 ml/3 cucchiai di salsa di soia

sale e pepe

15 ml / 1 cucchiaio di farina di mais (amido di mais)

Scaldare l'olio e friggere la cipolla e il maiale fino a doratura. Aggiungere il cavolo e lo zucchero e cuocere per 5 minuti. Aggiungere il brodo e la salsa di soia, aggiustare di sale e pepe. Portare a ebollizione, coprire e cuocere per 20 minuti. Mescolare la farina di mais con un po' d'acqua, unirla alla zuppa e cuocere, mescolando continuamente, finché la zuppa non si addensa e diventa trasparente.

Zuppa di manzo piccante

Serve 4

45 ml/3 cucchiai di olio di arachidi (arachidi).
1 spicchio d'aglio, schiacciato
5 ml/1 cucchiaino di sale
225 g di carne macinata (macinata).
6 cipolle (cipolle), tagliate a strisce
1 peperone rosso, tagliato a strisce
1 peperone verde, tagliato a strisce
225 g di cavolo tritato
1 l / 1¾pt / 4¼ tazza di brodo di manzo
30 ml/2 cucchiai di salsa di prugne
30 ml/2 cucchiai di salsa hoisin
45 ml/3 cucchiai di salsa di soia
2 pezzi di zenzero senza gambo, tritati
2 uova
5 ml/1 cucchiaino di olio di sesamo
225 g di pasta chiara ammollata

Scaldare l'olio d'oliva e soffriggere l'aglio e il sale fino a doratura. Aggiungete la carne e fatela rosolare velocemente.

Aggiungere le verdure e friggerle fino a renderle traslucide. Aggiungere brodo, salsa di prugne, salsa hoisin 30 ml/2 cucchiai di salsa di soia e zenzero, portare ad ebollizione e cuocere per 10 minuti. Sbattere le uova con l'olio di sesamo e il resto della salsa di soia. Aggiungete la zuppa di tagliatelle e fate cuocere, mescolando continuamente, finché le uova non formeranno dei cordoncini e la pasta sarà morbida.

zuppa paradisiaca

Serve 4

2 cipolline (scalogno), tritate

1 spicchio d'aglio, schiacciato

30 ml/2 cucchiai di prezzemolo fresco tritato

5 ml/1 cucchiaino di sale

15 ml/1 cucchiaio di olio di arachidi (noci).

30 ml/2 cucchiai di salsa di soia

1,5 l / 2½ punti / 6 bicchieri d'acqua

Mescolare cipollotto, aglio, prezzemolo, sale, olio e soia. Far bollire l'acqua, cospargere la miscela di erba cipollina e mettere da parte per 3 minuti.

Zuppa con pollo e germogli di bambù

Serve 4

2 cosce di pollo
30 ml/2 cucchiai di olio di arachidi (arachidi).
5 ml/1 cucchiaino di vino di riso o sherry secco
1,5 l / 2½ punti / 6 dl di brodo di pollo
3 cipolline, affettate
100 g di germogli di bambù tagliati a pezzi
5 ml/1 cucchiaino di zenzero macinato
Sale

Togliere il pollo dalle ossa e tagliare la carne a cubetti. Scaldare l'olio e friggere il pollo fino a cottura su tutti i lati. Aggiungere il brodo, lo scalogno, i germogli di bambù e lo zenzero, portare a ebollizione e cuocere a fuoco lento per circa 20 minuti finché il pollo sarà tenero. Aggiustare di sale prima di servire.

Zuppa di pollo e mais

Serve 4

1 L / 1¾ pz. / 4¼ dl di brodo di pollo
100 g di pollo, tritato
200 g di crema di mais
tagliare il prosciutto, tagliarlo
uovo rotto
15 ml/1 cucchiaio di vino di riso o sherry secco

Portare a ebollizione il brodo e il pollo, coprire e cuocere a fuoco lento per 15 minuti. Aggiungere il mais e il prosciutto, coprire e cuocere per 5 minuti. Aggiungete le uova e lo sherry, mescolando lentamente con un bastoncino finché le uova non formeranno dei cordoncini. Togliere dal fuoco, coprire e mettere da parte per 3 minuti prima di servire.

Zuppa di pollo e zenzero

Serve 4

4 funghi cinesi secchi
1,5 l / 2½ punti / 6 dl di acqua o brodo di pollo
225 g di pollo, tagliato a cubetti
10 fette di radice di zenzero
5 ml/1 cucchiaino di vino di riso o sherry secco
Sale

Mettere a bagno i funghi in acqua tiepida per 30 minuti, quindi scolarli. Scartare i gambi. Far bollire l'acqua o il brodo con i restanti ingredienti e cuocere per circa 20 minuti fino a quando il pollo sarà cotto.

Zuppa di funghi cinese con pollo

Serve 4

25 g di funghi cinesi secchi
100 g di pollo, tritato
50 g di germogli di bambù tritati
30 ml/2 cucchiai di salsa di soia
30 ml/2 cucchiai di vino di riso o sherry secco
1,2 l / 2 pz / 5 dl di brodo di pollo

Mettere a bagno i funghi in acqua tiepida per 30 minuti, quindi scolarli. Eliminare i gambi e tagliare le sommità. Sbollentare i funghi, il pollo e i germogli di bambù in acqua bollente per 30 secondi, quindi scolarli. Metteteli in una ciotola e mescolate la salsa di soia con il vino o lo sherry. Lasciare marinare per 1 ora. Portare a ebollizione il brodo, aggiungere il composto di pollo e la marinata. Mescolare bene e friggere per qualche minuto fino a quando il pollo sarà cotto.

Zuppa di pollo e riso

Serve 4

1 L / 1¾ pz. / 4¼ dl di brodo di pollo
225 g / 8 once / 1 tazza di riso cotto a grani lunghi
100 g di pollo cotto, tagliato a listarelle
1 cipolla, tagliata a dadini
5 ml/1 cucchiaino di salsa di soia

Scaldare tutti gli ingredienti insieme senza far bollire la zuppa.

Zuppa con pollo e cocco

Serve 4

350 g di petto di pollo

Sale

10 ml / 2 cucchiaini di farina di mais (amido di mais)

30 ml/2 cucchiai di olio di arachidi (arachidi).

1 peperoncino verde, tritato

1 L / 1¾pt / 4¼ tazza di latte di cocco

5 ml/1 cucchiaino di scorza di limone

12 litchi

un pizzico di noce moscata grattugiata

sale e pepe macinato fresco

2 foglie di melissa

Tagliare diagonalmente il petto di pollo a listarelle di parmigiano. Salare e cospargere con amido di mais. Scaldare 10 ml/2 cucchiaini di olio in un wok, girare e versare. Ripeti ancora una volta. Scaldare l'olio rimanente e friggere il pollo e il peperoncino per 1 minuto. Aggiungere il latte di cocco e portare a ebollizione. Aggiungere la scorza di limone e cuocere a fuoco basso per 5 minuti. Aggiungere il litchi, condire con noce moscata, sale e pepe e servire decorato con melissa.

Zuppa di vongole

Serve 4

2 funghi cinesi secchi
12 cozze, ammollate e lavate
1,5 l / 2½ punti / 6 dl di brodo di pollo
50 g di germogli di bambù tritati
50 g di piselli dolci, divisi a metà
2 cipolline (scalogno), tagliate ad anelli
15 ml/1 cucchiaio di vino di riso o sherry secco
un pizzico di pepe appena macinato

Mettere a bagno i funghi in acqua tiepida per 30 minuti, quindi scolarli. Eliminate i gambi e dividete le cime a metà. Cuocere a vapore le cozze per circa 5 minuti finché non si apriranno; buttare via quelli che rimangono chiusi. Togliere le vongole dal guscio. Far bollire il brodo, aggiungere i funghi, i germogli di bambù, i piselli e le cipolline. Cuocere scoperto per 2 minuti. Aggiungere le cozze, il vino o lo sherry, condire con pepe e friggere fino a doratura.

zuppa di uova

Serve 4

1,2 l / 2 pz / 5 dl di brodo di pollo
3 uova sbattute
45 ml/3 cucchiai di salsa di soia
sale e pepe macinato fresco
4 scalogni (cipolle), affettati

Fai bollire il brodo. Aggiungete poco alla volta le uova sbattute in modo che il composto si divida in filoni. Aggiungere la soia e condire con sale e pepe. Servire decorato con erba cipollina.

Zuppa di granchio e capesante

Serve 4

4 funghi cinesi secchi
15 ml/1 cucchiaio di olio di arachidi (noci).
1 uovo sbattuto
1,5 l / 2½ punti / 6 dl di brodo di pollo
175 g di scaglie di polpa di granchio
100 g di cozze sgusciate, tagliate a fette
100 g di germogli di bambù, tagliati a fette
2 cipolline (scalogno), tritate
1 fetta di zenzero, tritata finemente
qualche gambero cotto e sgusciato (facoltativo)
45 ml / 3 cucchiai di farina di mais (amido di mais)
90 ml/6 cucchiai di acqua
30 ml/2 cucchiai di vino di riso o sherry secco
20 ml/4 cucchiaini di salsa di soia
2 albumi

Mettere a bagno i funghi in acqua tiepida per 30 minuti, quindi scolarli. Eliminate i gambi e affettate sottilmente le cime. Scaldare l'olio, aggiungere l'uovo e inclinare la padella in modo che l'uovo copra il fondo. cuoco scolare, girare e friggere dall'altro lato. Togliere dalla padella, arrotolare e tagliare a strisce sottili.

Far bollire il brodo, aggiungere i funghi, le tagliatelle all'uovo, la polpa di granchio, le cozze, i germogli di bambù, lo scalogno, lo zenzero e facoltativamente i gamberetti. Bollire di nuovo. Mescolare l'amido di mais con 60 ml/4 cucchiai di acqua, vino o sherry e soia e amalgamare alla zuppa. Cuocere a fuoco basso, mescolando continuamente, finché la zuppa non si sarà addensata. Montare a neve ferma gli albumi con la restante acqua e versare lentamente il composto nella zuppa, mescolando energicamente.

zuppa di granchio

Serve 4

90 ml / 6 cucchiai di olio di arachidi (noci).

3 cipolle, tritate

225 g di polpa di granchio bianca e marrone

1 fetta di zenzero, tritata finemente

1,2 l / 2 pz / 5 dl di brodo di pollo

150 ml/¼ pt. / un bicchiere di vino di riso o sherry secco

45 ml/3 cucchiai di salsa di soia

sale e pepe macinato fresco

Scaldare l'olio e friggere la cipolla fino a renderla morbida ma non dorata. Aggiungere la polpa di granchio e lo zenzero e friggere per 5 minuti. Aggiungere il brodo, il vino o lo sherry e la salsa di soia, aggiustare di sale e pepe. Portare a ebollizione e poi cuocere a fuoco lento per 5 minuti.

Zuppa di pesce

Serve 4

225 g di filetto di pesce
1 fetta di zenzero, tritata finemente
15 ml/1 cucchiaio di vino di riso o sherry secco
30 ml/2 cucchiai di olio di arachidi (arachidi).
1,5 l / 2½ punti / 6 dl brodo di pesce

Tagliare il pesce a listarelle sottili vicino alla pelle. Mescolare lo zenzero, il vino o lo sherry e l'olio d'oliva, aggiungere il pesce e mescolare delicatamente. Lasciare marinare per 30 minuti, mescolando di tanto in tanto. Far bollire il brodo, aggiungere il pesce e cuocere per 3 minuti.

Pesce e zuppa principale

Serve 4

225 g di filetto di pesce bianco
30 ml/2 cucchiai di farina (sì).
sale e pepe macinato fresco
90 ml / 6 cucchiai di olio di arachidi (noci).
6 cipolline (scalogno), affettate
100 g di lattuga tritata
1,2 l/2pt/5 bicchieri d'acqua
10 ml/2 cucchiaini di radice di zenzero tritata finemente
150 ml / ¼ pt / ½ tazza grande di vino di riso o sherry secco
30 ml / 2 cucchiai di farina di mais (amido di mais)
30 ml/2 cucchiai di prezzemolo fresco tritato
10 ml/2 cucchiaini di succo di limone
30 ml/2 cucchiai di salsa di soia

Tagliare il pesce a listarelle sottili e strofinarle con farina stagionata. Scaldare l'olio e friggere il cipollotto fino a renderlo morbido. Aggiungere l'insalata e friggere per 2 minuti. Aggiungere il pesce e cuocere per 4 minuti. Aggiungere acqua, zenzero e vino o sherry, portare a ebollizione, coprire e cuocere per 5 minuti. Mescolare l'amido di mais con un po' d'acqua e aggiungerlo alla zuppa. Cuocere a fuoco basso e mescolare per altri 4 minuti finché non si forma una zuppa

sciacquare e condire con sale e pepe. Servire cosparso di prezzemolo, succo di limone e soia.

Zuppa di zenzero con polpette

Serve 4

5 cm / 2 radice di zenzero, grattugiata
350 g di zucchero di canna
1,5 l / 2½ punti / 7 bicchieri d'acqua
225 g / 8 once / 2 tazze di farina di riso
2,5 ml/½ cucchiaino di sale
60 ml/4 cucchiai di acqua

Mettete in una pentola lo zenzero, lo zucchero e l'acqua e portate ad ebollizione mescolando continuamente. Coprire e cuocere per circa 20 minuti. Filtrare la zuppa e versarla nuovamente nella pentola.

Nel frattempo versate in una ciotola la farina e il sale e mescolateli poco alla volta con acqua quanto basta per creare un impasto denso. Formate delle palline e versate gli gnocchi nella zuppa. Portare a bollore la zuppa, coprire e cuocere a fuoco lento per altri 6 minuti, fino a quando gli gnocchi saranno cotti.

zuppa forte e acida

Serve 4

8 funghi cinesi secchi
1 L / 1¾ pz. / 4¼ dl di brodo di pollo
100 g di carne di pollo, tagliata a listarelle
100 g di germogli di bambù tagliati a strisce
100 g di tofu, tagliato a listarelle
15 ml/1 cucchiaio di salsa di soia
30 ml/2 cucchiai di aceto
30 ml / 2 cucchiai di farina di mais (amido di mais)
2 uova sbattute
qualche goccia di olio di sesamo

Mettere a bagno i funghi in acqua tiepida per 30 minuti, quindi scolarli. Eliminate i gambi e tagliate le cappelle a listarelle. Portare a ebollizione i funghi, il brodo, il pollo, i germogli di bambù e il tofu, coprire e cuocere a fuoco lento per 10 minuti. Mescolare la salsa di soia, l'aceto e l'amido di mais fino ad ottenere un composto omogeneo, aggiungere alla zuppa e cuocere per 2 minuti fino a quando la zuppa diventa dorata. Aggiungere gradualmente le uova e l'olio di sesamo, mescolando continuamente. Coprire e mettere da parte per 2 minuti prima di servire.

Zuppa di funghi

Serve 4

15 funghi cinesi secchi
1,5 l / 2½ punti / 6 dl di brodo di pollo
5 ml/1 cucchiaino di sale

Immergere i funghi in acqua tiepida per 30 minuti, quindi filtrarli, conservando il liquido. Eliminate i gambi, tagliate le cime a metà se sono grandi e mettetele in un grande contenitore resistente al calore. Posizionare il contenitore sulla griglia della vaporiera. Far bollire il brodo, coprire con i funghi, coprire e cuocere per 1 ora in acqua bollente. Aggiustare di sale e servire.

Zuppa di funghi e cavoli

Serve 4

25 g di funghi cinesi secchi
15 ml/1 cucchiaio di olio di arachidi (noci).
50 g di foglie di porcellana macinate
15 ml/1 cucchiaio di vino di riso o sherry secco
15 ml/1 cucchiaio di salsa di soia
1,2 l/2 punti/5 dl di brodo di pollo o vegetale
sale e pepe macinato fresco
5 ml/1 cucchiaino di olio di sesamo

Mettere a bagno i funghi in acqua tiepida per 30 minuti, quindi scolarli. Eliminare i gambi e tagliare le sommità. Scaldare l'olio e friggere i funghi e le foglie di porcellana per 2 minuti fino a quando saranno ben ricoperti. Sfumare con vino o sherry e salsa di soia, quindi aggiungere il brodo. Portare a bollore, aggiustare di sale e pepe e cuocere per 5 minuti. Prima di servire spennellare con olio di sesamo.

Zuppa di funghi e uova

Serve 4

1 L / 1¾ pz. / 4¼ dl di brodo di pollo

30 ml / 2 cucchiai di farina di mais (amido di mais)

100 g di funghi tagliati a fette

1 cipolla tritata finemente

pizzico di sale

3 gocce di olio di sesamo

2,5 ml/½ cucchiaino di salsa di soia

1 uovo sbattuto

Mescolare un po' di brodo con l'amido di mais, quindi amalgamare tutti gli ingredienti tranne l'uovo. Portare a ebollizione, coprire e cuocere per 5 minuti. Aggiungete l'uovo, mescolando continuamente con un bastoncino, in modo che l'uovo formi dei cordoni. Togliere dal fuoco e mettere da parte per 2 minuti prima di servire.

Zuppa di funghi e castagne con acqua

Serve 4

1 l / 1¾ pt / 4¼ tazze di brodo vegetale o acqua
2 cipolle, tritate finemente
5 ml/1 cucchiaino di vino di riso o sherry secco
30 ml/2 cucchiai di salsa di soia
225 g di funghi
100 g di castagne d'acqua, a fette
100 g di germogli di bambù, tagliati a fette
qualche goccia di olio di sesamo
2 foglie di lattuga, tagliate a pezzi
2 cipolle (scalogno), tagliate a pezzi

Portare a ebollizione l'acqua, la cipolla, il vino o lo sherry e la salsa di soia, coprire e cuocere per 10 minuti. Aggiungere i funghi, le castagne d'acqua e i germogli di bambù, coprire e cuocere per 5 minuti. Aggiungere l'olio di sesamo, le foglie di lattuga e il cipollotto, togliere dal fuoco, coprire e mettere da parte per 1 minuto prima di servire.

Zuppa di maiale e funghi

Serve 4

60 ml/4 cucchiai di olio di arachidi (arachidi).
1 spicchio d'aglio, schiacciato
2 cipolle, affettate
225 g di carne di maiale magra, tagliata a listarelle
1 sedano, tritato
50 g di funghi tagliati a fette
2 carote, tagliate a fette
1,2 L / 2 pz / 5 dl di brodo di carne
15 ml/1 cucchiaio di salsa di soia
sale e pepe macinato fresco
15 ml / 1 cucchiaio di farina di mais (amido di mais)

Scaldare l'olio d'oliva e soffriggere l'aglio, la cipolla e il maiale fino a quando la cipolla sarà morbida e leggermente dorata. Aggiungere il sedano, i funghi e le carote, coprire e cuocere a fuoco lento per 10 minuti. Fate bollire il brodo, poi aggiungetelo nella padella con la salsa di soia e aggiustate di sale e pepe. Mescolate la maizena con un po' d'acqua, poi versatela nella padella e fatela soffriggere, mescolando continuamente, per circa 5 minuti.

Zuppa di maiale e crescione

Serve 4

1,5 l / 2½ punti / 6 dl di brodo di pollo
100 g di carne di maiale magra, tagliata a listarelle
3 gambi di sedano, tagliati a fette
2 cipolline (scalogno), affettate
1 mazzetto di crescione
5 ml/1 cucchiaino di sale

Portare a ebollizione il brodo, aggiungere la carne di maiale e il sedano, coprire e cuocere a fuoco lento per 15 minuti. Aggiungete il cipollotto, il crescione, il sale e fate cuocere coperto per circa 4 minuti.

Zuppa di cetrioli di maiale

Serve 4

100 g di carne di maiale magra, tagliata a fettine sottili
5 ml / 1 cucchiaino di farina di mais (amido di mais)
15 ml/1 cucchiaio di salsa di soia
15 ml/1 cucchiaio di vino di riso o sherry secco
1 cetriolo
1,5 l / 2½ punti / 6 dl di brodo di pollo
5 ml/1 cucchiaino di sale

Mescolare carne di maiale, amido di mais, salsa di soia e vino o sherry. Mescolare per ricoprire il maiale. Sbucciare il cetriolo e tagliarlo a metà nel senso della lunghezza, eliminare i semi. Tagliare a fette spesse. Portare a ebollizione il brodo, aggiungere la carne di maiale, coprire con un coperchio e cuocere per 10 minuti. Aggiungere il cetriolo e friggerlo per qualche minuto finché non diventa traslucido. Aggiungere sale e un po' più di soia a piacere.

Zuppa con polpette e tagliatelle

Serve 4

50 g di spaghetti di riso
225 g di carne di maiale macinata (macinata).
5 ml / 1 cucchiaino di farina di mais (amido di mais)
2,5 ml/½ cucchiaino di sale
30 ml/2 cucchiai di acqua
1,5 l / 2½ punti / 6 dl di brodo di pollo
1 cipollotto (tritato finemente).
5 ml/1 cucchiaino di salsa di soia

Mettete a bagno la pasta in acqua fredda mentre preparate le polpette. Mescolare la carne di maiale, l'amido di mais, un po' di sale e l'acqua e formare delle palline grandi quanto una noce. Far bollire l'acqua in una pentola, aggiungere le polpette di maiale, coprire e cuocere a fuoco lento per 5 minuti. Scolate e scolate bene la pasta. Portare a ebollizione il brodo, aggiungere le polpette e le tagliatelle, coprire e cuocere per 5 minuti. Aggiungere lo scalogno, la salsa di soia e il sale rimanente e cuocere per altri 2 minuti.

Zuppa con spinaci e tofu

Serve 4

1,2 l / 2 pz / 5 dl di brodo di pollo

200 g di pomodori in scatola, lavati e tagliati a pezzi

225 g di tofu, tagliato a cubetti

225 g di spinaci, tritati

30 ml/2 cucchiai di salsa di soia

5 ml/1 cucchiaino di zucchero di canna

sale e pepe macinato fresco

Far bollire il brodo, aggiungere i pomodori, il tofu e gli spinaci, mescolare delicatamente. Portare nuovamente a ebollizione e cuocere per 5 minuti. Aggiungere la soia e lo zucchero, aggiustare di sale e pepe. Cuocere per 1 minuto prima di servire.

Zuppa di mais dolce e granchio

Serve 4

1,2 l / 2 pz / 5 dl di brodo di pollo
200 g di mais dolce
sale e pepe macinato fresco
1 uovo sbattuto
200 g di scaglie di polpa di granchio
3 scalogni, tritati finemente

Far bollire il brodo, aggiungere il mais, aggiustare di sale e pepe. Cuocere a fuoco basso per 5 minuti. Poco prima di servire, rompete le uova con una forchetta e aggiungetele alla zuppa. Servire cosparso di polpa di granchio e scalogno tritato.

Zuppa di Sichuan

Serve 4

4 funghi cinesi secchi
1,5 l / 2½ punti / 6 dl di brodo di pollo
75 ml/5 cucchiai di vino bianco secco
15 ml/1 cucchiaio di salsa di soia
2,5 ml/½ cucchiaino di salsa piccante
30 ml / 2 cucchiai di farina di mais (amido di mais)
60 ml/4 cucchiai di acqua
100 g di carne di maiale magra, tagliata a listarelle
50 g di prosciutto cotto, tagliato a listarelle
1 peperone rosso, tagliato a strisce
50 g di castagne d'acqua, a fette
10 ml/2 cucchiaini di aceto
5 ml/1 cucchiaino di olio di sesamo
1 uovo sbattuto
100 g di gamberi sgusciati
6 cipolle (cipolle), tritate
175 g di tofu, tagliato a cubetti

Mettere a bagno i funghi in acqua tiepida per 30 minuti, quindi scolarli. Eliminare i gambi e tagliare le sommità. Porta il brodo, il vino, i semi di soia

Portare a ebollizione la salsa e la salsa di peperoncino, coprire e cuocere per 5 minuti. Mescolare la maizena con metà dell'acqua e aggiungerla alla zuppa, mescolando finché non si addensa. Aggiungere i funghi, la carne di maiale, il prosciutto, i peperoni e le castagne d'acqua e friggere per 5 minuti. Mescolare aceto e olio di sesamo. Sbattere le uova con la restante acqua e versarle nella zuppa, mescolando energicamente. Aggiungere i gamberetti, lo scalogno e il tofu e friggere per qualche minuto finché non saranno ben cotti.

zuppa di tofu

Serve 4

1,5 l / 2½ punti / 6 dl di brodo di pollo
225 g di tofu, tagliato a cubetti
5 ml/1 cucchiaino di sale
5 ml/1 cucchiaino di salsa di soia

Far bollire il brodo, aggiungere il tofu, il sale e la salsa di soia. Cuocere per qualche minuto fino a quando il tofu sarà caldo.

Zuppa di pesce e tofu

Serve 4

225 g di filetti di pesce bianco, tagliati a listarelle
150 ml / ¼ pt / ½ tazza grande di vino di riso o sherry secco
10 ml/2 cucchiaini di radice di zenzero tritata finemente
45 ml/3 cucchiai di salsa di soia
2,5 ml/½ cucchiaino di sale
60 ml/4 cucchiai di olio di arachidi (arachidi).
2 cipolle, tritate
100 g di funghi tagliati a fette
1,2 l / 2 pz / 5 dl di brodo di pollo
100 g di tofu, tagliato a cubetti
sale e pepe macinato fresco

Metti il pesce in una ciotola. Mescolare il vino o lo sherry, lo zenzero, la soia e il sale e versare sul pesce. Lasciare marinare per 30 minuti. Scaldare l'olio e soffriggere la cipolla per 2 minuti. Aggiungete i funghi e continuate a soffriggere fino a quando la cipolla sarà morbida ma non dorata. Aggiungere il pesce e la marinata, portare a ebollizione, coprire e cuocere per 5 minuti. Versare il brodo, portare nuovamente a ebollizione, coprire e cuocere a fuoco lento per 15 minuti. Aggiungere il tofu e condire con sale e pepe. Cuocere fino a quando il tofu sarà cotto.

zuppa di pomodoro

Serve 4

400 g di pomodori in scatola, sciacquati e tritati
1,2 l / 2 pz / 5 dl di brodo di pollo
1 fetta di zenzero, tritata finemente
15 ml/1 cucchiaio di salsa di soia
15 ml/1 cucchiaio di salsa di peperoncino
10 ml/2 cucchiaini di zucchero

Mettete tutti gli ingredienti in una pentola e portate ad ebollizione, mescolando di tanto in tanto. Cuocere per circa 10 minuti prima di servire.

Zuppa di pomodoro e zuppa di spinaci

Serve 4

1,2 l / 2 pz / 5 dl di brodo di pollo

225 g di pomodori pelati in scatola

225 g di tofu, tagliato a cubetti

225 g di spinaci

30 ml/2 cucchiai di salsa di soia

sale e pepe macinato fresco

2,5 ml/½ cucchiaino di zucchero

2,5 ml/½ cucchiaino di vino di riso o sherry secco

Portare a ebollizione il brodo, aggiungere i pomodori, il tofu e gli spinaci e cuocere per 2 minuti. Aggiungete gli altri ingredienti e fate cuocere per 2 minuti, poi mescolate bene e servite.

zuppa di rape

Serve 4

1 L / 1¾ pz. / 4¼ dl di brodo di pollo
1 rapa grande, affettata sottilmente
200 g di carne di maiale magra, tagliata a fettine sottili
15 ml/1 cucchiaio di salsa di soia
60 ml/4 cucchiai di brandy
sale e pepe macinato fresco
4 scalogni, tritati finemente

Portare a ebollizione il brodo, aggiungere le rape e il maiale, coprire con un coperchio e far cuocere per 20 minuti finché le rape saranno tenere e la carne cotta. Mescolare salsa di soia e cognac a piacere. Cuocere fino a quando sarà caldo e servire cosparso di scalogno.

minestra

Serve 4

6 funghi cinesi secchi
1 l/1¾ pt. /4 tazze e ¼ di brodo vegetale
50 g di germogli di bambù tagliati a strisce
50 g di castagne d'acqua, a fette
8 patatine, tagliate a fette
5 ml/1 cucchiaino di salsa di soia

Mettere a bagno i funghi in acqua tiepida per 30 minuti, quindi scolarli. Eliminate i gambi e tagliate le cappelle a listarelle. Aggiungeteli al brodo con i germogli di bambù e le castagne d'acqua, portate a bollore, coprite e fate cuocere per 10 minuti. Aggiungere le taccole e i semi di soia, coprire e cuocere a fuoco lento per 2 minuti. Mettere da parte per 2 minuti prima di servire.

zuppa vegetariana

Serve 4

¼ *cavolo*

2 carote

3 gambi di sedano

2 cipolline (scalogno)

30 ml/2 cucchiai di olio di arachidi (arachidi).

1,5 l / 2½ punti / 6 bicchieri d'acqua

15 ml/1 cucchiaio di salsa di soia

15 ml/1 cucchiaio di vino di riso o sherry secco

5 ml/1 cucchiaino di sale

pepe appena macinato

Tagliare le verdure a listarelle. Scaldare l'olio e friggere le verdure per 2 minuti finché non iniziano ad ammorbidirsi. Aggiungere gli altri ingredienti, portare a ebollizione, coprire e cuocere per 15 minuti.

zuppa di crescione

Serve 4

1 L / 1¾ pz. / 4¼ dl di brodo di pollo
1 cipolla, tritata finemente
1 sedano, tritato finemente
225 g di crescione, tritato grossolanamente
sale e pepe macinato fresco

Lessare il brodo con cipolla e sedano, coprire con un coperchio e cuocere a fuoco lento per 15 minuti. Aggiungere il crescione, coprire e cuocere per 5 minuti. Condire con sale e pepe.

Pesce fritto con verdure

Serve 4

4 funghi cinesi secchi

4 pesci interi, puliti e senza squame

friggere nell'olio

30 ml / 2 cucchiai di farina di mais (amido di mais)

45 ml/3 cucchiai di olio di arachidi (arachidi).

100 g di germogli di bambù tagliati a strisce

50 g di castagne d'acqua, tagliate a listarelle

50 g di cavolo cinese, tritato

2 fette di zenzero, tritate

30 ml/2 cucchiai di vino di riso o sherry secco

30 ml/2 cucchiai di acqua

15 ml/1 cucchiaio di salsa di soia

5 ml/1 cucchiaino di zucchero

120 ml / 4 oz / ¬Ω tazza di brodo di pesce

sale e pepe macinato fresco

¬Ω cespo di lattuga, tritato

15 ml/1 cucchiaio di foglie di prezzemolo tritato

Mettere a bagno i funghi in acqua tiepida per 30 minuti, quindi scolarli. Eliminare i gambi e tagliare le sommità. Cospargerne metà sul pesce

amido di mais e scrollare l'eccesso. Scaldare l'olio e friggere il pesce per circa 12 minuti fino a cottura. Scolare su carta assorbente e tenere al caldo.

Scaldare l'olio e friggere i funghi, i germogli di bambù, le castagne d'acqua e il cavolo bianco per 3 minuti. Aggiungere lo zenzero, il vino o lo sherry, 15 ml/1 cucchiaio di acqua, la salsa di soia e lo zucchero e friggere per 1 minuto. Versare il brodo, salare e pepare, portare ad ebollizione, coprire con un coperchio e cuocere per 3 minuti. Mescolare la maizena con l'acqua rimasta, versarla nella padella e cuocere a fuoco lento, mescolando continuamente, finché la salsa non si sarà addensata. Distribuire l'insalata su un piatto e adagiarvi sopra il pesce. Versare sopra le verdure e la salsa e servire decorando con il prezzemolo.

Pesce intero al forno

Serve 4

1 branzino grande o pesce simile
45 ml / 3 cucchiai di farina di mais (amido di mais)
45 ml/3 cucchiai di olio di arachidi (arachidi).
1 cipolla tritata
2 spicchi d'aglio, tritati
50 g di prosciutto, tagliato a listarelle
100 g di gamberi sgusciati
15 ml/1 cucchiaio di salsa di soia
15 ml/1 cucchiaio di vino di riso o sherry secco
5 ml/1 cucchiaino di zucchero
5 ml/1 cucchiaino di sale

Spennellare il pesce con amido di mais. Scaldare l'olio d'oliva e friggere la cipolla e l'aglio fino a doratura. Aggiungere il pesce e friggerlo su entrambi i lati fino a doratura. Avvolgere il pesce nella carta stagnola e disporlo in una pirofila, decorare con prosciutto e gamberetti. Aggiungi la salsa di soia, il vino o lo sherry, lo zucchero e il sale nella padella e mescola bene. Versare sopra il pesce, chiudere con la pellicola e cuocere in forno preriscaldato a 150-∞C / 300-∞F / gas livello 2 per 20 minuti.

Pesce di soia al vapore

Serve 4

1 branzino grande o pesce simile

Sale

50 g / 2 oz / ¬Ω tazza di farina per tutti gli usi.

60 ml/4 cucchiai di olio di arachidi (arachidi).

3 fette di zenzero, tritate

3 scalogni (cipolle), tritati

250 ml/8 once/1 tazza di acqua

45 ml/3 cucchiai di salsa di soia

15 ml/1 cucchiaio di vino di riso o sherry secco

2,5 ml/¬Ω cucchiaino di zucchero

Pulite il pesce, sbucciatelo e tagliatelo in diagonale su entrambi i lati. Cospargere di sale e mettere da parte per 10 minuti. Scaldare l'olio e friggere il pesce fino a doratura su entrambi i lati, girandolo una volta e irrorandolo con olio durante la frittura. Aggiungere lo zenzero, l'erba cipollina, l'acqua, la soia, il vino o lo sherry e lo zucchero, portare ad ebollizione, coprire e cuocere per 20 minuti, finché il pesce sarà cotto. Servire caldo o freddo.

Pesce di soia con salsa di ostriche

Serve 4

1 branzino grande o pesce simile

Sale

60 ml/4 cucchiai di olio di arachidi (arachidi).

3 scalogni (cipolle), tritati

2 fette di zenzero, tritate

1 spicchio d'aglio, schiacciato

45 ml/3 cucchiai di salsa di ostriche

30 ml/2 cucchiai di salsa di soia

5 ml/1 cucchiaino di zucchero

250 ml/8 once/1 tazza di brodo di pesce

Pulite il pesce, toglietelo e fatelo friggere in diagonale più volte per lato. Cospargere di sale e mettere da parte per 10 minuti. Scaldare la maggior parte dell'olio e friggere il pesce finché non sarà dorato su entrambi i lati, girandolo una volta. Nel frattempo, scaldare l'olio rimasto in una padella a parte e friggere la cipolla, lo zenzero e l'aglio fino a doratura. Aggiungere la salsa di ostriche, la salsa di soia e lo zucchero e friggere per 1 minuto. Aggiungere il brodo e portare ad ebollizione. Versare il composto ottenuto sui pesci dorado, portare nuovamente a ebollizione, coprire e cuocere a fuoco lento per ca.

Cuocere per 15 minuti fino a quando il pesce sarà cotto, girandolo una o due volte durante la cottura.

branzino al vapore

Serve 4

1 branzino grande o pesce simile
2,25 l / 4 pz / 10 bicchieri d'acqua
3 fette di zenzero, tritate
15 ml/1 cucchiaio di sale
15 ml/1 cucchiaio di vino di riso o sherry secco
30 ml/2 cucchiai di olio di arachidi (arachidi).

Pulite il pesce, sbucciatelo e fate diversi tagli diagonali su entrambi i lati. Far bollire l'acqua in una pentola capiente e aggiungere gli ingredienti rimanenti. Immergere il pesce nell'acqua, coprire bene, spegnere il fuoco e mettere da parte per 30 minuti fino a quando il pesce sarà cotto.

Pesce in umido con funghi

Serve 4

4 funghi cinesi secchi
1 grande carpa o pesce simile
Sale
45 ml/3 cucchiai di olio di arachidi (arachidi).
2 cipolline (scalogno), tritate
1 fetta di zenzero, tritata finemente
3 spicchi d'aglio, tritati
100 g di germogli di bambù tagliati a strisce
250 ml/8 once/1 tazza di brodo di pesce
30 ml/2 cucchiai di salsa di soia
15 ml/1 cucchiaio di vino di riso o sherry secco
2,5 ml/¬Ω cucchiaino di zucchero

Mettere a bagno i funghi in acqua tiepida per 30 minuti, quindi scolarli. Eliminare i gambi e tagliare le sommità. Tagliare il pesce più volte in diagonale su entrambi i lati, cospargerlo di sale e metterlo da parte per 10 minuti. Scaldare l'olio e friggere il pesce finché non sarà dorato su entrambi i lati. Aggiungere l'erba cipollina, lo zenzero e l'aglio e soffriggere per 2 minuti. Aggiungere gli altri ingredienti, portare a ebollizione e coprire e cuocere per 15 minuti fino a quando il pesce sarà cotto, girando una o due volte e mescolando di tanto in tanto.

pesce in agrodolce

Serve 4

1 branzino grande o pesce simile

1 uovo sbattuto

50 g farina di mais (amido di mais)

friggere nell'olio

Per la salsa:

15 ml/1 cucchiaio di olio di arachidi (noci).

1 peperone verde, tagliato a strisce

100 g di ananas in scatola sciroppato

1 cipolla, tagliata a dadini

100 g / 4 oz / ¬Ω tazza di zucchero di canna

60 ml/4 cucchiai di brodo di pollo

60 ml/4 cucchiai di aceto

15 ml / 1 cucchiaio di passata di pomodoro (concentrata)

15 ml / 1 cucchiaio di farina di mais (amido di mais)

15 ml/1 cucchiaio di salsa di soia

3 scalogni (cipolle), tritati

Pulite il pesce, eliminando eventualmente le pinne e la testa. Versare l'uovo sbattuto e poi la maizena. Scaldare l'olio e friggere il pesce fino a cottura. Scolare bene e tenere al caldo.

Scaldate l'olio per la salsa e fate soffriggere i peperoni, l'ananas sgocciolato e la cipolla per 4 minuti. Aggiungere 30 ml/2 cucchiai di sciroppo d'ananas, lo zucchero, il brodo, l'aceto, la passata di pomodoro, l'amido di mais e la salsa di soia e portare ad ebollizione mescolando continuamente. Cuocere a fuoco basso, mescolando, finché la salsa non diventa chiara e si addensa. Versare sul pesce e servire cosparso di cipollotti.

Pesce ripieno di carne di maiale

Serve 4

1 grande carpa o pesce simile
Sale
100 g di carne di maiale macinata (macinata).
1 cipollotto (scalogno), tritato
4 fette di zenzero, tritate
15 ml / 1 cucchiaio di farina di mais (amido di mais)
60 ml/4 cucchiai di salsa di soia
15 ml/1 cucchiaio di vino di riso o sherry secco
5 ml/1 cucchiaino di zucchero
75 ml/5 cucchiai di olio di arachidi (noci).
2 spicchi d'aglio, tritati
1 cipolla, tritata
300 ml / ¬Ω pt / 1¬° bicchiere d'acqua

Pulite il pesce, sbucciatelo e cospargetelo di sale. Mescolare la carne di maiale, il cipollotto, un po' di zenzero, l'amido di mais, 15 ml/1 cucchiaio di salsa di soia, vino o sherry e zucchero e farcire il pesce. Scaldare l'olio e friggere il pesce finché non sarà dorato su entrambi i lati, quindi toglierlo dalla padella e scolare la maggior parte dell'olio. Aggiungere il resto dell'aglio e dello zenzero e friggere fino a doratura.

Aggiungere il resto della salsa di soia e l'acqua, portare ad ebollizione e cuocere per 2 minuti. Rimettere il pesce nella padella, coprire e cuocere per circa 30 minuti fino a quando il pesce sarà cotto, girando una o due volte.

Carpa al vapore, piccante

Serve 4

1 grande carpa o pesce simile
150 ml / ¬° ven. / una tazza generosa di olio di arachidi ¬Ω (arachidi).
15 ml/1 cucchiaio di zucchero
2 spicchi d'aglio, tritati finemente
100 g di germogli di bambù, tagliati a fette
150 ml / ¬° ven. / buona ¬Ω tazza di brodo di pesce
15 ml/1 cucchiaio di vino di riso o sherry secco
15 ml/1 cucchiaio di salsa di soia
2 cipolline (scalogno), tritate
1 fetta di zenzero, tritata finemente
15 ml/1 cucchiaio di aceto salato

Pulite il pesce, eliminate le squame e lasciatelo a bagno in acqua fredda per qualche ora. Scolare e asciugare, quindi tagliare più volte su ciascun lato. Scaldare l'olio e friggere il pesce finché non sarà dorato su entrambi i lati. Togliere dalla padella e versare, conservando tutto tranne 30 ml/2 cucchiai di olio. Versare lo zucchero nella pentola e mescolare finché non si scurisce. Aggiungere l'aglio e i germogli di bambù e mescolare bene.

Aggiungere gli altri ingredienti, portare a ebollizione, rimettere il pesce nella padella, coprire e cuocere per circa 15 minuti fino a quando il pesce sarà cotto.

Disporre il pesce su un piatto caldo e versarvi sopra la salsa.

www.ingramcontent.com/pod-product-compliance
Lightning Source LLC
Chambersburg PA
CBHW071850110526
44591CB00011B/1362